KB021338

김정숙 버킷리스트의
진실

김정숙 버킷리스트의 진실

남정호 지음

의혹만 무성했던
김정숙 여사 외유의 실체를
파헤치다!

ViM (주)진명출판사

I.   들어가며 • 006

II.   사건의 시작 • 016

A 교수의 제보 • 019

문 대통령 부부의 베르겐 방문 • 021

체코, 왜 갔나? • 029

어이없는 인도 단독 방문 • 033

대통령 전용기까지 • 040

예상 밖 인도 대사관의 진실 인정 • 044

III.   청와대와의 공방, 불붙다 • 048

논란의 칼럼, 마침내 빛을 보다 • 051

정치문제로 비화된 칼럼 • 056

신속한 청와대의 정정보도 요구 • 067

IV.   승소한 1심 재판, 그리고 드러난 거짓말들 • 074

첫번째 거짓말: 베르겐은 안 가는 게 관례에 맞다 • 081

초청받은 건 김 여사 아닌 강경화 장관 • 086

두 번째 거짓말: 당초 '그리그의 집' 방문 요청은 없었다 • 092

대통령 비서실, 왜 나서나? • 105

송네피오르의 심장부 베르겐 • 108

해군 기지는 갔지만, 피오르는 못 봤다? • 111

1심 재판에서 완승하다 • 120

V.   새 사실 드러난 항소심, 그리고 결말   • 126

"비판 수용 못 하는 문 정부"   • 129

봉사 아닌 취미 즐긴 김 여사   • 133

'반론권'이란 불의의 역습   • 140

또 실패한 항소심 조정   • 145

결국 이뤄진 화해   • 148

VI.   재판 이후의 행적   • 154

다시 시작된 해외순방   • 160

들통난 비공개 피라미드 관광   • 163

VII.   김정숙 여사와 BTS   • 172

과도한 BTS 사랑?   • 175

BTS 사랑이 빚은 결례   • 179

VIII.   맺음말   • 184

김정숙 여사 및 전 영부인 해외 별도 일정   • 194

'김정숙의 버킷 리스트?' 칼럼을 둘러싼 법정 싸움 시작 직전,
끝까지 가겠다는 나에게 동료 논설위원이 건넨 충고 겸 만류에는
많은 진실이 담겨있었다.
상대가 청와대였다. 자원은 무한대이며,
최고 일류 로펌을 붙일 거라는 것 모두 틀림없는 팩트였다.

들어가며

"남 위원, 재판 가지 말고 그냥 그쪽 이야기 실어줘. 상대는 청와대라고, 청와대. 자원이 무한한 청와대. 최고 일류 로펌을 붙일 거야, 아무리 해도 못 이겨."

'김정숙의 버킷 리스트?'[1] 칼럼을 둘러싼 법정 싸움 시작 직전, 끝까지 가겠다는 나에게 동료 논설위원이 건넨 충고 겸 만류에는 많은 진실이 담겨 있었다. 상대가 청와대였다. 자원은 무한대이며, 최고 일류 로펌을 붙일 거라는 것 모두 틀림없는 팩트였다. 하지만 마지막 부분, 즉 아무리 해도 못 이긴다는 대목은 도저히 수긍할 수 없었다. 권력을 휘두르는 거짓 앞에선 진실도 허무하게 무릎을 꿇어야

---

1 '버킷리스트(Bucket List)'란 죽기 전에 꼭 해보고 싶은 여행, 전시·공연 관람, 또는 식도락 등을 정리한 목록을 뜻한다. 죽는다는 영어 표현 중에 '양동이를 차다(Kick the Bucket)'도 있는데 이는 스스로 목을 맬 때 양동이에 올라간 뒤 이를 걷어차 자살하는 데서 유래했다고 한다.

하는가.

그리하여 나는 주위의 만류를 뿌리치고 청와대와 법정소송을 벌이기로 결심했다. 청와대가 요구하는 것은 정정보도 게재였다. 어쩌면 청와대가 나와 나의 신문사에게 요구했던 것은 별 게 아닐 수 있다. 못 이기는 척하며 신문 한쪽 구석에 그들이 원하는 3~4문장을 넣어주면 그뿐인 일이었다. 이긴다 한들 생기는 것 하나 없는 싸움이었다. 완승해 봐야 정정보도 안 쓰는 게 전부였다. 하지만 청와대와의 싸움이 버겁다고, 귀찮다고 물러설 수는 없는 노릇이었다. 가슴에 손을 얹고 생각해 봐도 거리낄 것 없는 기사를 쓰고도 그걸 문제 삼은 권력에 굴복한다는 것은 도저히 참을 수 없는 일이었다. 기자로서의 최소한의 자존심이 걸린 문제였던 것이다.

2019년 여름, 여느 때처럼 쓴 칼럼 '김정숙 여사의 버킷 리스트?'가 이렇게까지 파문을 일으키고, 이토록 나를 힘들게 할 줄은 꿈에도 몰랐다. 대상이 영부인이었다는 것을 빼고는 늘 하던 대로 주제를 정하고, 팩트들을 모아 논리를 벼렸다. 그리곤 뼈대에 맞춰 있는 사실과 나의 주장을 가지런히 세웠다.

초년병 기자 시절, 언론계의 한 원로로부터 이런 이야기를 들은 적이 있다. 언론의 비판에 대한 이야기였다. 그 원로는 "기자가 기사를 쓸 때는 적절한 수준으로 비판해야 한다"고 당부하셨다. 그럼

어떤 게 적절한 비판일까? 그는 비판에 관한 뉴욕타임즈의 원칙을 들려주셨다. "비판 기사를 읽는 대상자가 그 글을 읽어도 고개만 끄덕일 뿐 분노하지 않을 정도가 적절한 비판이다"라고 내게 일러주셨다.

나는 그 이야기를 가슴에 품고 기자 생활을 해왔다. 지나친 비판과 자극적인 표현은 삼가기 위해 노력했다. 물론 비판을 당한 당사자야 피눈물이 나게 아플지 모르지만 분노하는 것과는 엄연히 다르다. 정확하고 정당한 비판일 경우 당사자가 제대로 된 인물이라면 기사 내용을 겸허히 받아들이고 사과하거나 시정을 약속하기 마련이다.

그런데 이번에는 마땅히 사죄하고 반성해야 할 당사자 측에서 정당한 비판을 한 언론을 법정에 세우고 괴롭혔다. 적반하장(賊反荷杖)도 이런 적반하장이 없다. 뒤에서 자세히 설명하겠지만 권력기관은 자신에게 비판적인 언론에게 재갈을 물리기 위해 무차별적으로 소송을 제기하기도 한다. 이를 '전략적 봉쇄소송'이라고 한다.

결국 회사와 나는 전략적 봉쇄소송에 휘말린 끝에 1심에서 승소한 뒤 아주 짧은 반론을 인터넷에만 게재해 주는 조건으로 청와대와 항소심에서 합의했다. 근 2년간에 걸친 법정 싸움에서 사실상 승리한 셈이다. 과정은 고단하고 지루했다. 내가 맞싸운 상대는 국가권력,

그것도 국가권력의 최정점에 서 있는, 무소불위의 청와대였다. 그런 청와대가 어떤 거짓말을 하고, 어떻게 언론과 언론인을 괴롭혔는지, 나는 그 불의의 행태를 직접 겪었다. 우리 측 윤국정 변호사가 참으로 많은 수고를 아끼지 않았지만 나 역시 그를 돕기 위해 하얗게 지새운 날이 하루이틀이 아니었다.

비록 몸과 마음 모두 고달팠지만 생각지 못한 소득도 컸다. 재판을 하다 보면 새로운 사실을 알게 되기도 한다. 우선 해당 사건을 훨씬 더 자세하게 연구하게 돼 빠트렸던 사실과 배경을 발견하곤 한다. 어떤 경우에는 상대방이 법정에 제출한 증거물에서 새로운 사실을 알게 된다. 이번 재판이 딱 그랬다. 재판이 진행되면서 문재인 대통령 부부의 외국 방문 일정 중 적어도 일부는 관례까지 깨며 관광을 위해 짜였거나 조정됐다는 결정적 정황 증거가 여러 개 발견됐다. 또 청와대 측이 법원에 낸 자료를 통해 김정숙 여사가 해외여행 중 얼마나 취미 생활을 즐겼는지도 낱낱이 알게 됐다. 전임 퍼스트레이디들은 현지 한인 격려 등 공인으로서의 봉사에 여념이 없었는데도 말이다. 세상에 알릴 가치가 충분한 이야기들이었다. 그럼에도 나는 이런저런 이유로 펜을 들지 못했다. 다른 일 때문에 바쁘기도 했고, 다 끝난 일이란 생각도 들었다.

하지만 최근 나는 책을 쓰기로 결심했다. 끓어오르는 분노 때문이었다. 무엇보다 코로나19로 한동안 잠잠했던 문 대통령 부부는 2021년부터 알맹이 없는 해외순방을 또다시 시작했던 것이다. 게다가 문 대통령의 측근들은 말리기는커녕 미화하기에 바빴다. 그중 백미는 청와대의 한 비서관이 쓴 글이었다. 그는 페이스북에 이렇게 썼다. "여행 같은 순방을 다녔었던 야당과 내막을 모르는 일부 모자란 기자들이 순방만 다녀오면 관광이네, 버킷리스트네 하는 말들을 쏟아내서 아주 지겹게 듣고 있다"고.

나는 지난 33년간의 기자 생활 동안 기사를 통해 타인을 비판할지언정 모욕은 절대 하지 않도록 조심하고 조심했다. 누구도 다른 이의 품성과 능력을 공개적으로 평가할 자격이 있다고는 믿지 않기 때문이었다. 게다가 평가의 근거가 진실이 아닐 수도 있는데 이를 바탕으로 남을 헐뜯는 것은 위험하기 짝이 없는 일이다.

그럼에도 이 비서관은 '모자란 기자들'이라고 했다. 2019년 '김정숙 여사의 버킷 리스트?'란 칼럼을 쓴 당사자가 나인지라, 그가 지목한 '모자란 기자'에 내가 포함될 것은 분명했다. 내막을 모르는 게 과연 나인가, 아니면 그일까.

나는 이 책을 통해 내가 발견한 진실의 몇 조각을 세상에 알리려 한다. 이를 통해 문재인 대통령 부부가 어떻게 국고를 낭비하며 돌아다녔는지, 그리고 이를 제대로 보도하려 한 언론을 어떻게 핍박했는지, 국민이 온전히 깨닫기를 나는 바란다.

　진실은 비록 어둠에 잠시 가려져 있더라도 세월이 흐르면 밝혀지기 마련이다. 문 대통령과 부인 김정숙 여사의 해외 방문과 관련된 비정상적 행태가 누구의 지시에 의해서 저질러졌는지 나는 모른다. 문 대통령 부부일 수도, 이들의 환심을 사려 했던 측근, 또는 관계자들일 수도 있다. 그럼에도 한 가지 분명한 건 훗날 어떤 편법과 비리가 저질러졌는지, 낱낱이 밝혀지고 책임질 일이라면 온당한 책임을 묻는 일이 이뤄졌으면 하는 게 나의 바람이다. 그래야 정의가 강물처럼 흐르는, 제대로 된 세상이 펼쳐질 것 아닌가.

기자의 관점에서 볼 때 확인만 된다면 충분히 기사가 되고도 남을 내용이었다.
다만 두 사건 모두가 반년도 더 된 이야기라는 게
결정적인 흠이었다. (중략).
그리하여 나는 "이들 비화를 쓸 수 있는 적절한 기회가 생기면
기사화하겠다"고 다짐하며 그날 자리를 끝냈다.

사건의
시작

A 교수의 제보

'김정숙 여사의 버킷리스트' 논란은 한 교수와의 점심 자리에서 시작됐다. 문제의 칼럼이 게재되기 한 달 전쯤인 2019년 5월, 나는 후배 논설위원과 함께 정계 소식에 밝은 정치학자 A 교수와 점심을 같이했었다. 이런저런 이야기가 오가다 김정숙 여사로 화제가 옮겨졌다. 당시는 김 여사의 숙명여고 동창인 손혜원 더불어민주당 의원이 목포 부동산 투기 의혹으로 구설에 오르던 때였다. 자연히 김 여사를 둘러싼 이런저런 소문이 나돌고 있었다.

이런 상황 속에서 A 교수는 김 여사와 관련된 상당히 충격적인 두 가지 이야기를 들려줬다. 하나는 김 여사의 외유 의혹이었다. 김 여사가 외국 여행을 너무 좋아한 나머지 어떻게 하든 해외에 나가려 한다는 것이었다. 그러면서 A 교수는 "2018년 11월에 김 여사가 허왕후 기념 공원 착공식 축하를 위한 대표단 일원으로 갔던 인도 여행이 대표적인 사례로 사실은 한국 측에서 김 여사를 보내겠다고 해 이뤄진 일이라고 믿을 만한 인사로부터 들었다”고 했다. 그러면서 그는 “이 문제로 관련 부처에서 부글부글 끓고 있다”고 덧붙였다. 참고로 허왕후는 인도의 고대왕국 아유타국(阿踰陀國) 공주로 1세기 경 한반도까지 와 고대 금관가야의 시조인 수로왕과 결혼한 것으로 기록돼 있다.

A 교수가 두 번째로 해준 이야기는 세계적인 아이돌그룹 방탄소년단(BTS)과 관련된 김 여사의 에피소드였다. 뒤에서 자세히 설명하겠지만 2018년 9월 경우에 맞지 않는 행태로 물의가 빚어졌다는 내용이었다.

기자의 관점에서 볼 때 확인만 된다면 충분히 기사가 되고도 남을 내용이었다. 다만 두 사건 모두가 반년도 더 된 이야기라는 게 결정적인 흠이었다. 촌각을 다투며 매일매일 새로운 뉴스를 다뤄야 하는 신문의 입장에선 반년 전 얘기는 까마득한 옛날이 아닐 수 없었다. 그리하여 나는 “이들 비화를 쓸 수 있는 적절한 기회가 생기면 기사화하겠다”고 다짐하며 그날 자리를 끝냈다.

문 대통령 부부의 베르겐 방문

그리고 한 달쯤 뒤인 같은 해 6월 초. 버릇처럼 뉴스 사이트를 훑어 내리는데 시선을 확 사로잡는 기사가 눈에 띄었다. 다름 아닌 문재인 대통령 부부의 북유럽 3개국 순방 기사였다. 기사의 주된 내용은 이랬다.

문재인 대통령은 다음 달 9일부터 16일까지 6박 8일 일정으로 핀란드·노르웨이·스웨덴 등 유럽 3개국을 국빈 방문한다. 고민정 청와대 대변인은 29일 문 대통령의 순방 일정을 발표하면서 "우리 정부의 역점 과제인 혁신성장·평화·포용국가 실현 행보의 일환"이라고 말했다. (이후 생략)

관련 기사들을 읽어 내리던 중 나는 특별한 단어를 발견했다. 바로 '베르겐'이란 도시 이름이었다. 기사에는 이렇게 쓰여 있었다.

> 문 대통령은 이외에 △오슬로포럼 기조연설 △국빈 초청 답례 문화행사 참석 일정을 갖고, 13일 오후 노르웨이 제2의 도시인 베르겐을 방문해 우리 기업이 건조한 군수지원함에 승선하고 '그리그의 집'도 방문할 예정이다.

아름다운 베르겐의 전경

(사진＝Fabricio Cardenas)

베르겐, 베르겐이라고? 그 순간 내 눈앞에는 죽을 때까지 잊을 수 없을 정도로 아름다운 노르웨이 피오르의 숨 막히는 경치가 파노라마처럼 펼쳐졌다. 사파이어, 루비, 에메랄드, 코발트 등등 온갖 보석 빛을 띤 동화에서나 나올 것 같은 아름다운 호수에 천 길 절벽에서 떨어지는 맑고 청량한 폭포수, 그리고 하늘이 안 보일 정도로 빽빽하게 우거진 높고 푸른 침엽수의 숲. 나는 운 좋게 뉴욕·런던·브뤼셀 등 세 곳의 특파원을 지낸 덕에 60여 개국을 돌아다니면서 수많

노르웨이 게이랑에르 피오르의 일곱자매 폭포
(사진＝Mariordo)

은 절경을 봐 왔다. 그러나 세상에서 가장 아름다운 자연 경관을 꼽으라면 단연 노르웨이의 피오르가 최고라고 나는 생각해 왔었다. 그러니 내가 피오르 여행의 출발지인 베르겐을 어떻게 잊을 수 있겠는가. 런던 특파원 시절이던 1997년 나는 여름 휴가를 이용해 노르웨이를 갔었는데 그때 피오르를 구경하기 위해 들렀던 곳이 베르겐이었던 것이다.

만약 간 적이 없었다면 문 대통령 부부가 베르겐에 간다는 기사를

노르웨이 대사관 홈페이지　　　문 대통령 부부가 오찬을 했던 베르겐 호콘홀
(사진＝Palickap)

무심히 흘려버렸을 것이다. 하지만 나는 베르겐이 어떤 곳인지를 아는 덕에 그냥 넘길 수 없었다. 도대체 왜 피오르 관광의 중심지에 가려는 것인가.

청와대 발표 자료는 밋밋하고 별 설명이 없었다. 노르웨이 방문과 관련해서 세 건의 브리핑 자료가 있었지만, 베르겐 일정에 대해서는 "우리 기업이 건조한 군수지원함에 승선하고 '그리그의 집'을 방문한다"는 게 전부였다. 이틀밖에 되지 않는 국빈방문 일정 중에서 도대체 왜 하루를 사용하며 세상에서 가장 풍광 좋은 이곳에 가려는 건지에 대한 궁금함이 몰려왔다.

한글 자료는 별 게 없더라도 잘하면 노르웨이 쪽에서 정보를 얻을지도 모른다는 생각이 퍼뜩 들었다. 당장 'Moon Jae-In'과 'Bergen'

대우조선이 건조해 노르웨이 해군에 인도한 모우호
(사진＝HNoMS Norge)

이란 단어를 넣고 구글로 검색해봤다. 아니나 다를까, 주한 노르웨이 대사관 홈페이지에는 5월 30일 자로 문 대통령의 베르겐 일정이 영문과 국문으로 비교적 상세히 소개돼 있었다.

> "문재인 대통령 내외는 노르웨이 서쪽 해안에 위치한 베르겐 시를 방문하여 호콘홀에서 오찬을 한 뒤, 한국의 조선소에서 최근 건조된 노르웨이 군함 KNM Maud를 방문하여 둘러볼 예정이다. 그리고 트롤하우겐(Troldhaugen)[2]에서 콘서트를 관

2019년 6월 노르웨이 작곡가 에드바르 그리그가 살던 '그리그의 집' 정원에서
문 대통령 부부와 이 나라 국왕 하랄5세가 기념촬영하고 있다. [연합뉴스]

| 람하는 것으로 베르겐 일정은 마무리된다."

새롭게 얻은 정보는 2~3가지였다. 우선 문 대통령 부부가 호큰
홀에서 점심을 한 뒤 '노르웨이 해군 모우호(KNM^3 Maud)'라는 배를

---

2   트롤(Trold)이란 요정이 사는 언덕이라는 뜻. 그리그가 인생 후반 22년을 살았던 집과 콘
서트홀, 작업실 등이 있다.
3   KNM은 노르웨이어 'Kongelig Norske Marine'의 약자로 노르웨이 해군이란 뜻이다.

방문한다는 것과 트롤하우겐이란 곳에
서 콘서트를 관람할 예정이라는 사실이
었다.

그리그 초상

인터넷 시대가 펼쳐지면서 지구 반대
편에 있는 곳이라도 웬만한 정보는 다 검
색할 수 있는 게 요즘 세상이다. 구글로
검색해보니 모우호와 트롤하우겐에 대
한 정보가 주르륵 쏟아졌다. 그렇게 해서
알게 된 사실은 모우호와 동급의 군함 4척을 대우조선에서 이미 영
국에 수출한 바 있다는 거였다. 따라서 모우호 방문은 노르웨이로서
는 의미 있는 행사일지 모르지만 한국 입장에선 좀 김이 빠지는 일
이 아닐 수 없었다. 트롤하우겐은 '솔베이지의 노래'로 유명한 노르
웨이의 작곡가 에드바르 그리그(Edvard Grieg)가 살던 집으로 이제는
그의 기념관이 된 명소였다. 문득 김 여사가 경희대 성악과를 졸업
했다는 사실이 떠올랐다. 그런 김 여사라면 틀림없이 가고 싶어했을
거란 확신이 들었다. 게다가 이런 곳에서 음악회를 열어주었다면 김
여사로서는 기쁘기 짝이 없는 일이었을 것이다.

이런저런 사정을 종합해 볼 때 문 대통령 부부는 모우호 방문을 구
실로 풍광 좋은 베르겐에 간 게 아닌가 하는 의심이 들 수밖에 없었

다. 게다가 한 달쯤 전에 들었던 김정숙 여사의 인도 방문 건까지 곁들이면 내용 있고 훌륭한 비판 기사가 될 거로 여겨졌다. 이미 당시에도 문재인 대통령 부부의 해외 순방을 두고 외유 아니냐는 이야기가 나오고 있었다. 특히 2018년 말에 있었던 체코 방문은 뒷말이 무성했다.

체코, 왜 갔나?

사건의 전말은 이랬다. 문 대통령은 2018년 11월 아르헨티나에서 열린 G20 회의에 가면서 체코에 들렀다. 서울의 땅 밑을 파내려 가면 우루과이 앞바다가 나온다. 대척점으로 불리는 이곳은 마침 아르헨티나 바로 옆이다. 대척점까지는 동서남북 어느 쪽으로 가도 여행 시간이 같다. 지구가 둥근 탓이다. 직항으로도 25시간 이상 걸리는 아르헨티나는 한 번에 가기엔 너무 멀다. 그래서 급유도 할 겸 대개 중간에서 하루이틀 쉬었다 간다. 문 대통령 일행도 그랬다.

결국 어디에 들를지는 선택의 문제였다. 비행 10~14시간 정도의 나라면 어디든 괜찮은지라 유럽·중동·호주, 심지어 중앙아메리카 등 여러 곳이 고려됐을 게 분명하다. 전임자들의 다수는 한인들이 많이 사는 미국 로스앤젤레스 등에 들러 교민들을 위로하는 행사를 가졌다. 그런데 문 대통령은 다른 곳은 놔두고 체코에 들렀다. 체코로 낙점됐다면 이곳을 방문할 뚜렷한 이유가 있어야 했다.

원전 수주를 위해 정상외교 차원에서 갔다는 게 당국의 설명이었다. 하지만 당시 체코 대통령은 출국 중으로 주인 없는 집에 간 셈이었다. 더 심각한 건 기껏 가 봐야 원전 수주에 별 도움이 안 되는 상황이었다.

무엇보다 국가수반인 밀로시 제만(Miloš Zeman) 대통령이 이스라엘에 가느라 없어 정상외교라고 할 수 없는 형편이었다. 외교부는 "실질적인 정부 운영권이 총리에게 있다"며 안드레이 바비시(Andrej Babiš) 총리와의 만남을 사실상의 정상회담이라고 주장했다. 하지만 체코에서는 대통령이 총리를 임명한다. 2016년 체코에 온 시진핑 중국 국가주석을 상대한 것도 제만 대통령이었다. 누가 봐도 대통령이 정상이다. 게다가 체코 정부가 이번 만남을 비공식 회담으로 해달라고 요청했다고 한다. 외교부는 "대통령이 없는 데 공식적인 정상회담을 갖는 건 곤란하다는 게 체코 측 입장"이라고 해명했다. 스스로 정상회담이 아님을 실토한 꼴이다.

더 어처구니없는 건 방문의 실효성 여부였다. 자리를 비운 제만 대통령은 유명한 친러파였다. 그가 대놓고 러시아의 원자력 회사 로사톰을 민다는 건 현지 언론에도 보도된 공지의 사실이었다. 바비시 총리는 지난 10월 아예 "새로 짓지 말고 기존 원전을 10년 더 쓰자"고 주장한 인물이다. 이 나라의 대통령, 총리 모두 한국에 원전 사업을 맡길 생각이 손톱 만큼도 없었던 것이다.

이런 데도 문 대통령이 왜 굳이 체코에 들렀는지 이해가 안 됐다. 세계 각지에 외교 현안은 산처럼 쌓여 있었다. 원전 수주 경쟁은 사우디·폴란드 등 세계 도처에서 벌어진다. 아르헨티나의 G20 개최

2018년 11월 체코 프라하를 방문한 문 대통령 부부가 프라하성에서
성 바츨라프 왕관을 구경하고 있다. [연합뉴스]

가 결정된 건 2016년 말. 2년간의 여유가 있었음에도 대통령의 외국

방문이 이렇듯 허술하게 이뤄졌다는 게 믿기지 않았다.

　이런 이유로 일각에선 문 대통령 부부가 프라하를 관광하기 위해

체코에 들른 게 아니냐는 이야기까지 나왔다. 동유럽 도시 중 가장

로맨틱한 곳으로 유명한 프라하. 체코가 낳은 세계적인 작가 프란츠

카프카의 도시로도 유명한 이곳은 2005년 '프라하의 연인'이란 인

기 TV 드라마 덕에 한국인들 사이에서도 사랑 받는 관광지다. 실제

로 문 대통령 부부는 프라하성에 가서 관광을 했다. 과거 박 대통령도 이 곳에 들르기는 했지만 그때는 정상회담을 위해서였다. 한-체코 정상회담이 이곳에서 개최됐었다. 그러나 문 대통령은 바비시 총리를 호텔에서 만났다.

어이없는 인도 단독 방문

이런 터라 나는 김정숙 여사에 초점을 맞춰 문재인 대통령 부부의 해외 순방과 관련된 외유 논란을 비판하는 칼럼을 준비하기 시작했다. 한 달 전쯤에 들었던 인도 이야기도 보완 취재가 필요했다. 상대가 상대인지라 칼럼은 정확하고 반론의 여지가 없을 정도로 사실관계와 논리가 분명해야 했다.

그리하여 나는 김정숙 여사의 인도 출장 건에 대해 집중적으로 파고들었다. 결과는 기대 이상이었다. 청와대 홈페이지를 뒤지다 보니 김 여사가 2018년 11월의 단독 출장 바로 넉 달 전인 같은 해 7월에도 문 대통령과 함께 인도를 방문했다는 걸 알게 됐다. 마침 그때 나온 청와대 보도 자료를 뒤져보니 김 여사의 일정과 발언 등이 비교적 상세히 소개돼 있는 게 아닌가.

보도 자료에 따르면 문 대통령이 공식일정을 소화하는 사이, 김 여사는 세계적 유적인 후마윤 묘지(Humayun's Tomb)를 방문한 것으로 돼 있었다. 이 유적은 인도 무굴 제국의 2대 황제인 후마윤의 무덤. 그의 부인인 비가 베굼 왕비가 남편 사후 14년 후인 1569년에 150만 루피라는 막대한 비용을 들여 건설한 것으로 무굴(Mughal) 제국의 초기 양식을 보여주는 건축물로 꼽힌다. 후마윤 묘지는 이중

인도 델리에 자리잡은 무굴제국의 대표적 건축물인 후마윤 묘지
(사진＝Eatcha)

구조의 돔과 장대한 키오스크(kiosks)로 이뤄졌으며 이런 무굴 양식
은 1세기 후에 지어진 타지마할에서 정점을 이뤘다고 한다. 이 때문
인지 청와대 보도자료에 따르면 김 여사는 후마윤 묘지 관광을 하면
서 "시간이 없어 타지마할의 전신인 이 곳에 왔다"며 "다시 오면 타
지마할에 꼭 가겠다"고 아쉬워했다는 것이다.

　이런 배경을 머리에 넣고 나서 4개월 뒤 또다시 이뤄진 김 여사의
인도 단독 방문 일정을 살펴보니 눈이 확 뜨이는 대목이 있었다. 바

로 3박 4일 인도 방문 마지막 날의 타지마할(Taj Mahal) 관광이었다. 타지마할이라고? 타지마할이 어떤 곳인가. 바로 갠지스 문명의 정수라 불러도 손색이 없을 대표적인 인도 건축물이다. 인도 아그라의 남쪽 자무나 강가에 위치한 이 건축물은 궁전 형식으로 지어진 묘지로 무굴제국의 황제 샤 자한이 먼저 떠난 왕비 뭄타즈 마할을 추모하기 위해 세운 것이다. 순백의 대리석으로 지어진 이 건물은 햇빛을 받는 각도에 따라 색깔이 달라지는 것으로 유명하다. 보는 이의 넋을 빼앗을 정도로 아름다운 이 건물은 진작에 유네스코 세계유산으로 지정됐으며 인도를 찾는 이라면 누구든 찾아가고 싶어하는 명소 중의 명소이다.

이런저런 정황을 종합해 볼 때 김 여사가 타지마할을 보고 싶은 욕심에 허왕후 공원 착공식을 축하하기 위한 대표단에 참가하겠다고 자청했거나 아니면 그의 마음을 파악한 주변 인물이 끼워 넣어주었을 가능성이 높아 보였다.

새로운 정황들이 파악될수록 김 여사의 인도 단독 방문은 더더욱 적절치 않게 보였다. 핵심 일정인 허왕후 공원 착공식이나 디왈리 촛불축제(Diwali Candle Festival) 모두 문화부 장관이 참석하는 게 적절해 보이는 행사였다. 실제로 기원전 5세기부터 시작된 디왈리 축제는 외국 정상급 인사가 일부러 갈 만한 행사는 아니라는 게 일반

2018년 11월 인도를 단독 방문한 김정숙 여사가 아그라의 타지마할을 둘러보고 있다. [연합뉴스]

적인 평가다. 김 여사가 축제에 참석한다는 소식이 알려지자 인도의 대표적 권위지인 '더 타임즈 오브 인디아(The Times of India)' 등 현지언론에서는 "외국 정상급 인사가 디왈리 축제에

김정숙 여사의 인도 방문 소식을 다룬
현지 언론 웹사이트

참석하기는 이번이 처음"이라고 보도할 정도였다.

　더 부적절해 보이는 부분은 김 여사의 일정이었다. 전체 3박 4일 중 첫날은 오후 늦게 인도에 도착하는 바람에 별 일정이 없었다. 둘째 날은 수도 뉴델리에서 수시마 스와라지(Sushma Swaraj) 외교부 장관 접견, 사비타 코빈드(Savita Kovind) 대통령 영부인 주최 오찬 참가, 나렌드라 모디(Narendra Modi) 총리와의 면담을 끝낸 뒤 현지 학교를 방문했다. 그리곤 허왕후 기념공원 착공식 참석을 위해 인도 북부의 우타르 프라데시(Uttar Pradesh)주로 이동, 요기 주 총리 주최 만찬에 참석했다. 셋째 날은 김 여사의 인도 단독 방문의 핵심이라고 할 수 있었다. 이날 오후에는 허왕후 기념공원 착공식에, 저녁에는 아요디

아에서 열린 디왈리 축제에 참석한 까닭이다. 하지만 디왈리 축제의 성격을 살펴보면 김 여사의 참석이 관광으로서의 성격도 띠고 있음을 알게 된다.

디왈리는 '빛이 어둠을 이긴다', 즉 선이 결국에는 악을 물리침을 상징하는 축제로 매년 10월 말 또는 11월 초에 5일간에 걸쳐 열린다. 행사 때에는 빛을 상징하는 형형색색의 등불 수십만 개가 밝혀지고 폭죽을 터트려 어느 곳에서도 볼 수 없는 화려한 장관이 펼쳐진다. 디왈리가 '빛의 축제'라고 불리는 이유다. 이렇게 화려한 빛의 축제를 구경한 김 여사는 마지막 날인 넷째 날에는 아요디아에서 $460km$ 정도 떨어진 아그라까지 대통령 전용기로 날아가 꿈에 그리던 타지마할을 관광하게 된다. 참고로 서울-부산 사이는 $360km$로 $460km$는 북한 황해북도 사리원과 부산 정도 떨어진 거리다.

결국 김 여사는 사실상의 사흘간 일정 중 하루는 인도 총리, 외교 장관 등 주요 인사들과의 만남에 쓰고 그다음 날은 허왕후 기념공원 착공식과 '빛의 축제' 디왈리 참석에, 마지막 날은 타지마할 관광에 사용한 셈이다.

이런 김 여사의 일정과 관련해 음미할 만한 일화가 있다. 최규하 전 대통령 이야기다. 1960년대 그가 인도에 출장을 갔는데 시간이 남았다. 현지 한인회 교포들은 '시간이 남으니 타지마할이라도 구

휘황찬란한 등불들로 장관을 이루는 인도 디왈리 축제 모습.
(사진＝Pritiwary)

경하시라'고 권유했다. 그러자 최 전 대통령은 "국민의 세금으로 출장 왔다"며 단칼에 거절해 교민들 사이에서 두고두고 화제가 됐다고 한다.

대통령 전용기까지

일정뿐만이 아니었다. 김 여사가 문 대통령 없이 인도에 단독으로 출장 갈 때 대통령 전용기를 이용한 것도 구설에 올랐다. 한 야당 측 인사는 "경제가 많이 어렵고 국민이 많이 힘든데 (김 여사는) 뜬금없이 황후가 된 듯 많은 사람을 이끌고 인도에 간다"고 꼬집었다. 그러면서 "혼자 조용히 비행기 타고 가는 것도 아니고 대통령 전용기 공군 2호기를 타고 수행 기자들까지 간다"며 "한 분 움직이는데 세금을 너무 많이 쓰는 것 아닌가. 국민이 낸 피 같은 세금 좀 아껴 써 달라"고 비판했다. 여기에다 김 여사가 탄 2호기에는 대통령 휘장을 가리지 않고 고스란히 노출해 논란을 부르기도 했다. 대통령 휘장은 대통령 본인이 탑승해야 드러낼 수 있기 때문이다. 어쨌거나 이런 논란 속에 김 여사는 대통령 전용기 2호기를 타고 인도를 다녀와 지나친 세금 사용이란 비판에 휩싸였다.

한 달 후 문화체육관광부는 김 여사가 탔던 전용기 2호기 이용과 관련해 대한항공에 2억1700만원을 지불했다고 밝혔다. 이를 보도한 언론 매체는 대통령 전용기로 움직인 탓에, 민간항공기를 이용할 때보다 비용이 두 배 들었다고 전했다.

이렇듯 나중에 논란이 빚어질 사안이 적지 않다는 것을 의식한 탓

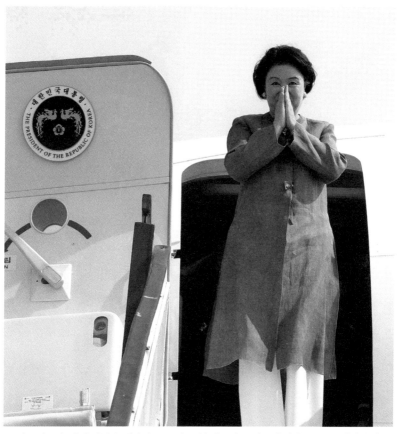

인도 방문을 마친 김정숙 여사가 2018년 11월 아그라 국제공항에서 공군 2호기에 올라
환송객들에게 인사하고 있다. [연합뉴스]

인지, 청와대는 퍼스트레이디가 단독으로 외국을 방문하는 게 전례
가 없는 일은 아님을 애써 강조했다. 그리하여 생각해 낸 게 김대중
대통령의 부인 이희호 여사의 사례였다. 고민정 당시 청와대 부대
변인은 김 여사의 인도 방문에 대한 브리핑을 하면서 이렇게 설명했

다. "(이희호 여사는) 2002년에 유엔 아동특별총회에 고(故) 김대중 대통령을 대신해 참석하신 적이 있고, 그 외에도 북경, LA·워싱턴, 일본 센다이 방문 등 세 번의 방문이 추가로 더 있었다"고. 그러면서 고 부대변인은 "북경은 '한중 관광 우호의 밤' 참석을 위한 자리였고, LA·워싱턴은 미국 국가조찬기도회 참석을 위한 미국 방문, 일본은 저서 일본어판 출판 기념회 및 대학 특별강연 등을 위한 방문이었다"고 덧붙였다.

이런 청와대 측 브리핑을 본 나는 전례는 있었다고 하지만, 과연 이희호 여사의 외국 방문 일정도 김 여사처럼 느슨한가 하는 의문이 들었다. 당장 인터넷을 뒤졌더니 웬걸, 이 여사의 미국 방문 일정은 관광은 커녕 도착부터 귀국 때까지 빡빡하기 이를 데 없었다. 물론 명소 관광 같은 것은 전혀 없었다. 김정숙, 이희호 두 사람의 일정을 대비시키면 좋은 기사 소재가 될 거라고 믿어졌다.

칼럼의 분명한 가닥이 잡히자 남은 것은 설득력을 강화하기 위해 이것저것 부수적인 내용을 찾아 기사에 살을 붙이는 일이었다. 곰곰이 생각해 보니 김 여사가 얼마나 자주 해외에 나갔으며 그때마다 어떤 관광지를 찾았는지를 파악해 명시하는 게 좋은 방법일 듯했다. 하지만 이와 관련된 자료가 있을 턱이 없었다. 당장 문 대통령의 해외 순방 때 얼마나 자주 동행했는가에 대한 데이터부터 없었다. 유일한 해결 방법은 본인이 직접 관련 자료를 찾아내 일일이 확인하는 것이었다. 다행히 문 대통령의 외국 방문 리스트를 찾아낼 수 있었지만 또 다른 문제에 봉착했다. 리스트에 외국 방문 시 김정숙 여사가 동행했는지 여부가 나와 있지 않았던 것이다. 방법이 없을까, 고민한 끝에 원시적인 방법을 생각해냈다. 출국 장면 사진에 김 여사가 나와 있는지 아닌지를 확인해 동행 여부를 판단하는 것이었다. 취임 후 25개월 동안 문 대통령이 외국에 나간 것은 모두 19번. 그리하여 19개의 사진을 찾아낸 뒤 여기에 김정숙 여사가 등장하는지 확인해 동행 횟수를 알아냈다. 이에 곁들여 김 여사가 가 본 유명 관광지도 일일이 기사 검색을 통해 파악했다. 이렇게 나온 자료를 노무현 대통령 이후의 전직 대통령들의 출국 빈도 및 유명 관광지 방문 횟수와 비교하니 훌륭한 자료가 됐다. 이 정도면 김 여사가 관광지를 자주 찾는다는 느낌이 든다고 써도 큰 무리가 없을 거로 판단됐다.

예상 밖 인도 대사관의 진실 인정

예상하지 못했던 좋은 소재가 발견됐지만, 칼럼 작성에 어려움이 없었던 것은 아니었다. 가장 민감하고도 힘든 부분은 A 교수가 이야기한 대로 한국 측의 요청에 의해 김 여사의 인도 단독 방문이 이뤄졌다는 것을 확인하는 일이었다. 이와 관련된 청와대의 발표는 다음과 같았다.

> 지난 7월 문재인 대통령의 인도 국빈방문 시 모디 총리는 인도의 전통 축제인 디왈리 축제를 허왕후 기념공원 착공식과 함께 개최해 양국 간 오랜 교류와 협력의 역사를 축하하는 의미로 준비하겠다는 뜻을 밝히면서 대한민국에서 고위급 대표단을 파견해 줄 것을 요청했습니다. 특히 **이번 인도 방문은 모디 총리께서 김정숙 여사가 행사 주빈으로서 참석해 주기를 간곡히 요청하는 공식 초청장을 보내옴에 따라 성사됐습니다.**
>
> — 2018년 10월 31일 고민정 부대변인 브리핑

고 부대변인의 브리핑 중에서 주목할 대목은 "참석해 주기를 간곡히 요청하는 공식 초청장을 보내옴에 따라"라는 부분이었다. 이

브리핑 내용 대로라면 모디 총리가 김 여사에게 꼭 인도에 와 달라고 요청해 방문이 이뤄졌다는 얘기였다. 이런 청와대 주장이 사실이 아니라는 것을 확인하는 길은 두 가지밖에 없었다. 한국 측에서 고위급 대표로 김정숙 여사를 보냈다고 한 것을 청와대나 외교부가 시인하거나 아니면 인도 정부나 주한 인도 대사관 측에서 확인해 주는 것이었다. 아무리 생각해도 문재인 정부 측에서 시인할 가능성은 거의 없었다. 자칫하면 정치적 논란이 될 법한 사안을 순순히 인정해 줄 리 만무했다.

결국 남은 방법은 인도 대사관을 두드리는 것이었다. 당시 인도 대사관에 마땅히 아는 이가 없던 터라 '담당자 앞(To whom it may concern)'으로 메일을 써서 보냈다. 2018년 이뤄진 문 대통령 부부 및 김정숙 여사 단독 방문과 관련해 문의하고 싶은 내용이 있으니 도와 달라는 내용이었다.

하지만 기대는 크게 하지 않았다. 자칫하면 양국 간 문제로 비화할 수 있는 민감한 외교 사안을 언론에 쉽게 이야기해줄 리 없다고 여겨졌기 때문이었다. 메일을 보내고 나서도 3~4일 아무런 연락이 없었다. 어쩔 수 없이 의도했던 칼럼은 원했던 내용을 다 담지 못했다. 문 대통령 부부가 바쁜 일정 중에 관광지로 유명한 베르겐에 가는 게 적절한지, 그리고 전임 대통령에 비해 더 빈번하게 해외여행을 하고 특히 김 여사는 관광지를 자주 찾는 느낌을 주니 조심하라는 내용으로 만족해야 했다.

아쉽지만 이 정도 선에서 마무리하고 출고 날인 2019년 6월 10일 오전 회사 온라인 시스템에 칼럼을 올려놨다. 이제 데스크가 기사를 손본 뒤 출고를 하면 모든 게 마무리되는 상황이었다. 하지만 좋든, 나쁘든, 모든 일은 끝나야 끝나는 법이다. 기사가 넘어가기 2~3시간 전인 이날 오후, 갑자기 핸드폰이 울리기 시작했다. 화면을 보니 모르는 번호다. 핸드폰을 받으니 강한 인도 악센트의 목소리가 흘러나왔다. "인도 대사관 직원인데 뭐가 알고 싶으냐"는 것이었다. 혹시 진실을 이야기해줄지 모른다는 기대에 저절로 흥분됐다. 혈압도 오르는 듯했다. "지난해 김정숙 여사의 인도 단독 방문은 한국 측에서 요청해 이뤄진 게 맞냐"고 물었다. 그랬더니 순순히 "맞다. 퍼스트레이디가 온다고 해서 우리도 깜짝 놀랐다. 김 여사가 간다고 해서 초청장을 보냈다"고 털어놨다. **"모디 총리께서 김 여사가 행사 주빈으로서 참석해 주기를 간곡히 요청하는 공식 초청장을 보내 성사됐다"는 청와대 측 주장은 사실과 다르다는 걸 확인하는 순간이었다.** 그리하여 나는 즉각 데스크에 이야기한 뒤 칼럼을 고쳤다. 한국 측에서 김 여사를 대표단 대표로 보내겠다고 알려와 인도 방문이 이뤄진 거라고 수정한 것이다.

현재 북핵 문제는 풀릴 기미가 없다. 경제는 고꾸라지고
무역분쟁 중인 미·중은 서로 자기편을 들라고 압박한다. 그러니
"지금 유람할 때냐"는 비판이 안 나오게
노르웨이 일정도 한 번 더 생각해 보는 게 옳았다.

청와대와의 공방,
불붙다

논란의 칼럼, 마침내 빛을 보다

이렇게 하여 문재인 대통령 부부의 해외 순방을 비판하는 칼럼은 완성돼 그다음 날인 6월 11일 자 아침 신문에 게재됐다. 문제의 '김정숙 여사의 버킷리스트?' 칼럼은 다음과 같았다.

> 노르웨이 서해안엔 베르겐이란 그림 같은 도시가 있다. 깎아지른 절벽 사이로 새파란 바닷물이 넘실대는, 세계 최고의 절경이라는 송네 피오르의 심장부다. 누구든 이곳에 오면 죽을 때까지 잊지 못할 대자연의 아름다움에 흠뻑 젖기 마련이다. 바로 여기가 모레 문재인 대통령 부부가 갈 곳이다. 명목은 노르웨이 발주로 대우조선이 건조한 2만6000톤급 군수지원함 '모우호' 승선. 이 나라 최대 군함이라지만 조선 강국 한국으로

김정숙 여사의 버킷리스트?

남정호의
시사각각
時視各角

노르웨이 서해안엔 베르겐이란 그림 같은 도시가 있다. 깎아지른 절벽 사이로 새파란 바닷물이 넘실댄다. 세계 최고의 절경이라는 송네 피오르의 심장부다. 누구든 이곳에 오면 죽을 때까지 잊지 못할 대자연의 아름다움에 흠뻑 젖기 마련이다. 바로 여기가 모레 문재인 대통령 부부가 갈 곳이다. 명목은 노르웨이 발주로 대우조선이 건조한 2만 6000톤급 군수지원함 '모우호' 승선. 이 나라 최대 군함이라지만 조선 강국 한국으로선 그리 특별하진 않다. 대우조선은 이미 3만7000톤급 군수지원함 4척을 만들어 영국에 수출한 적이 있다.

어쨌거나 문 대통령 부부는 배에 올라 피오르의 비경을 접할 거다. 이후 이들은 10㎞가량 떨어진 '그리그의 집'에 간다. '솔베이지의 노래'로 유명한 노르웨이 작곡가 에드바르 그리그가 살던 아담한 2층 건물로, 이젠 기념관이 됐다. 노르웨이 정부는 문 대통령 부부를 위해 여기서 음악회를 열어준다. 청와대가 밝힌 노르웨이 방문 목적은 "양국 관계 증진, 한반도 평화, 친환경 경제, 조선·해양 분야 등에 대한 협력 논의"였다. 문 대통령은 사실상 이틀뿐인 공식 일정 중 하루를 이 풍광 좋은 베르겐에서 쓴다.

문 대통령은 취임 후 25개월간 19번 출국했다. 빈도로는 5년간 49번으로 가장 많던 이명박 전 대통령과 비슷하다. 하지만 웬일인지 유독 관광지를 자주 찾는다는 느낌을 지울 수가 없다. 김정숙 여사는 딱 한번 일본 당일 출장을 빼곤 18번의 해외 나들이 때마다 동행했다. 작년 말엔 혼자 인도에 갔다. 이 과정들에서 찾아본 명소는 캄보디아의 앙코르와트, 인도의 타지마할과 후마윤 묘지, 체코의 프라하, 베트남의 호이안, 바티칸의 성베드로성당 등. 죄다 유네스코 문화유산인 세계 최고 관광지다.

이에 대해 야당에선 "부부동반 세계 일주하나" "김 여사 버킷리스트가 있지 않나"는 비아냥이 쏟아지고 있다. 체코 대통령이 없던 때라 왜 갔는지 모를 프라하 방문도 버킷리스트로 설명하는 비판이 나온다.

특히 김 여사의 인도 단독 방문은 개운치가 않았다. 청와대는 "인도 총리가 허왕후 공원 착공식의 한국 대표로 공식 초청했다"며 "2002년 이희호 여사가 혼자 방미한 적도 있다"고 강조했다. 하지만 김 여사는 바로 넉 달 전 문 대통령과 인도에 간 적이 있다. 남편이 일하는 사이, 인도 정부는 그를 세계적인 유적인 후마윤 묘지로 안내했다. 당시 김 여사는 "시간이 없어 타지마할의 전신인 이곳에 왔다"며 "다시 오면 타지마할에 꼭 가겠다"고 아쉬워했다.

이와 관련, 청와대는 인도 총리 요청으로 가는 것처럼 발표했지만, 인도 대사관은 "한국 측이 김 여사를 대표단 대표로 보낸다고 알려와서 초청장을 보냈다"고 밝혔다. 어쨌거나 초청 과정도 그렇지만 일정도 별나다. 청와대가 언급했던 이희호 여사 사례와 비교해 보자.

2002년 4월 이 여사는 유엔 아동특별총회 대표단 대표로 방미했다. 전용

> 노르웨이서도 절경 피오르 방문
> 순방 때 관광지 방문 잦아 눈길
> '해외 유람' 오해 없게 신경 써야

기 대신 민항기를 탔다. 첫날 테네시주로 가 인권상을 받았다. 그리곤 둘째 날부터 유엔 회의에 참석해 넷째 날까지 회의를 주제로 관련 인사들을 만났다. 그리곤 다섯째 날 귀국했다.

지난해 11월 김정숙 여사는 대통령 전용기 2호기로 인도에 갔다. 첫날은 밤에 도착해 둘째 날 총리 등을 면담했다. 셋째 날 허왕후 공원 착공식 및 인도의 최대 축제 '디왈리'에 갔다. 그리곤 넷째 날 타지마할 관광 후 귀국했다.

물론 전임 대통령 부부들이라고 관광지에 안 간 건 아니다. 상대국이 초청한 일정도 있었을 게다. 그럼에도 이번처럼 잦은 적은 없었다. 현재 북핵 문제는 풀릴 기미가 없다. 경제는 고꾸라지고 무역분쟁 중인 미·중은 서로 자기편을 들라고 압박한다. 그러니 "지금 유람할 때냐"는 비판이 안 나오게 노르웨이 일정을 한 번 더 생각해 보는 게 옳았다. 그곳에서 머물든 헝가리에선 지금도 유람선 사고 실종자 수색에 여념이 없지 않은가. **논설위원**

2019년 6월 문 대통령 부부의 해외순방을 비판해 청와대로부터 소송을 당했던
'김정숙 여사의 버킷리스트?' 칼럼

선 그리 특별하진 않다. 대우조선은 이미 3만7000톤급 군수지원함 4척을 만들어 영국에 수출한 적이 있다.

어쨌거나 문 대통령 부부는 배에 올라 피오르의 비경을 접할 거다. 이후 이들은 10㎞가량 떨어진 '그리그의 집'에 간다. '솔베이지의 노래'로 유명한 노르웨이 작곡가 에드바르 그리그가 살던 아담한 2층 건물로, 이젠 기념관이 됐다. 노르웨이 정부는 문 대통령 부부를 위해 여기서 음악회를 열어준다. 청와대가 밝힌 노르웨이 방문 목적은 "양국 관계 증진, 한반도 평화, 친환경 경제, 조선·해양 분야 등에 대한 협력 논의"였다. 문 대통령은 사실상 이틀뿐인 공식 일정 중 하루를 이 풍광 좋은 베르겐에서 쓴다.

문 대통령은 취임 후 25개월간 19번 출국했다. 빈도로는 5년간 49번으로 가장 많던 이명박 전 대통령과 비슷하다. 하지만 웬일인지 유독 관광지를 자주 찾는다는 느낌을 지울 수가 없다. 김정숙 여사는 딱 한 번 일본 당일 출장을 빼곤 18번의 해외 나들이 때마다 동행했다. 작년 말엔 혼자 인도에 갔다. 이 과정들에서 찾아본 명소는 캄보디아의 앙코르와트, 인도의 타지마할과 후마윤 묘지, 체코의 프라하, 베트남의 호이안, 바티칸의 성베드로성당 등. 죄다 유네스코 문화유산인 세계 최고 관광지다. 이에 대해 야당에선 "부부동반 세계일주하냐" "김 여사 버킷리스트가 있지 않냐"는 비아냥이 쏟아지고 있다. 체코 대통령이 없던 때라 왜 갔는지 모를 프라하 방문도 버킷리스트로 설명하는 비판이 나온다.

특히 김 여사의 인도 단독 방문은 개운치가 않았다. 청와대는 "인도 총리가 허왕후 공원 착공식의 한국 대표로 공식 초청했다"며 "2002년 이희호 여사가 혼자 방미한 적도 있다"고 강조했다. 하지만 김 여사는 바로 넉 달 전 문 대통령과 인도에 간 적이 있다. 남편이 일하는 사이, 인도 정부는 그를 세계적 유적인 후마윤 묘지로 안내했다. 당시 김 여사는 "시간이 없어 타지마할의 전신인 이곳에 왔다"며 "다시 오면 타지마할에 꼭 가겠다"고 아쉬워했다.

이와 관련, 청와대는 인도 총리 요청으로 가는 것처럼 발표했지만, 인도 대사관은 "한국 측이 김 여사를 대표단 대표로 보낸다고 알려와서 초청장을 보냈다"고 밝혔다. 어쨌거나 초청 과정도 그렇지만 일정도 별났다. 청와대가 언급했던 이희호 여사 사례와 비교해 보자.

2002년 4월 이 여사는 유엔 아동특별총회 대표단 대표로

방미했다. 전용기 대신 민항기를 탔다. 첫날 테네시주로 가 인권상을 받았다. 그리곤 둘째 날부터 유엔 회의에 참석해 넷째 날까지 회의를 주재하고 관련 인사들을 만났다. 그리곤 다섯째 날 귀국했다.

지난해 11월 김정숙 여사는 대통령 전용기 2호기로 인도에 갔다. 첫날은 밤에 도착해 둘째 날 총리 등을 면담했다. 셋째 날은 허왕후 공원 착공식 및 인도의 최대 축제 '디왈리'에 갔다. 그리곤 넷째 날 타지마할 관광 후 귀국했다.

물론 전임 대통령 부부들이라고 관광지에 안 간 건 아니다. 상대국이 초청한 일정도 있었을 게다. 그럼에도 이번처럼 잦은 적은 없었다. 현재 북핵 문제는 풀릴 기미가 없다. 경제는 고꾸라지고 무역분쟁 중인 미·중은 서로 자기편을 들라고 압박한다. 그러니 "지금 유람할 때냐"는 비판이 안 나오게 노르웨이 일정도 한 번 더 생각해 보는 게 옳았다. 그곳에서 머잖은 헝가리에선 지금도 유람선 사고 실종자 수색에 여념이 없지 않은가.

— 남정호 논설위원

정치문제로 비화된 칼럼

어느 분야든지 마찬가지겠지만, 신문사에서 오래 근무하다 보면 자기가 쓴 기사가 어떤 반향을 일으킬지 어느 정도 예견할 수 있다. 남이 모르는 비리를 찾아내 이를 비판하면 커다란 파문이 일기 마련이다. 좋은 기사일수록 영향력이 크고 이에 따라 그릇된 행태나 제도, 또는 거악이 바로 잡히기도 한다. 기자가 누릴 수 있는 최고의 보람이다. 하지만 나는 이 칼럼을 쓰면서 어느 정도 청와대와 여권이 아파할 거라고 생각은 했지만, 그토록 민감하게 반응할 줄은 전혀 예상하지 못했다. 거의 모든 칼럼은 해당 매체에 게재되면 관심 있는 독자들이 읽고 끝낸다. 스트레이트 기사와는 달리 다른 신문이나 방송에서 인용해 보도하는 경우가 거의 없다. 새로운 사실을 보도하는 게 아니라 필자의 주관적 의견을 나타내는 게 일반적이기 때문이다. 하지만 이 칼럼은 달랐다. 이른 아침부터 다른 언론매체에 인용되기 시작했다. 당시 언론의 주목을 받고 있던 민경욱 자유한국당 대변인이 칼럼을 읽고 "나도 피오르 해안 관광하고 싶다"고 자신의 페이스북에 올렸기 때문이었다.

당시 민 대변인은 막말 논란으로 언론의 관심을 받고 있었다. 그는 칼럼이 나가기 이틀 전 문 대통령의 북유럽 순방을 두고 "불쏘시

민경욱
2019년 6월 11일 · 🌐

나도 피오르 해안 관광하고 싶다.

👍 좋아요   💬 댓글 달기   ➦ 공유하기

2019년 6월 '김정숙 여사의 버킷리스트?' 칼럼이 나간 후 민경욱 당시 자유한국당 대변인이
페이스북에 올린 글 [민경욱 전 대변인 페이스북 촬영]

개 지펴 집구석 부엌 아궁이 있는 대로 달궈놓고는, 천렵질에 정신
팔린 사람마냥 나 홀로 냇가에 몸 담그러 떠난 격"이라고 비판해 여
권의 집중포화를 맞고 있었다. '천렵(川獵)'은 '냇물에서 고기잡이하
는 일'을 뜻하는 한자어. 이로 인해 문 대통령의 정상외교를 '천렵
질'로 매도했다는 비난이 여권에서 쏟아졌다. 그런 그가 때마침 문
대통령 부부의 해외 순방을 비판하는 나의 칼럼이 나오자 이를 염두

'김정숙 여사의 버킷리스트?' 칼럼 게재 후 비난과 함께 정정보도를 요구한
청와대 서면 브리핑 [청와대 홈페이지 촬영]

에 둔 글을 페이스북에 썼던 것이다. 민 대변인은 이날 오후 페이스
북에 올린 글도 막말이라는 시각이 있다는 기자들의 이야기를 듣고
는 이렇게 반문했다. "중앙일보 논평 봤어요? 그것도 막말이라 그
래요? 그것도 막말이에요?" 그러면서 그는 "그것을 보시라고요. 중
앙일보에 버킷리스트라고 다 나와요. 아직 못 읽었죠? 아침에 그 칼

럼 읽고 느낀 바를 한 줄로 쓴 것인데 그것까지 막말이라고 얘기하면 안 돼요"라고 반박했다. 야당 대변인이 기자들에게 언급할 정도로 의미가 있었는지, 이후 칼럼은 여야 정치인들의 입에 오르내리기 시작했다. 전여옥 전 의원은 자신의 블로그에서 "김정숙 경선 후보 부인은 그 '바쁜 와중에'… 왜 '경인선에 갔을까요? 목적은 전용기 타고 천하 절경 '베르겐'을 비롯한 최고 관광지 '버킷리스트' 실현이겠지요"라고 비꼬았다. 정치인만이 아니었다. 칼럼이 나가자 유튜버, 특히 보수 성향의 유튜브 채널들이 칼럼의 내용을 자세히 전하기 시작했다. 일파만파로 파문이 커지는 모양새였다.

그러자 생각지도 못한, 언론사상 전례 없는 일이 벌어졌다. 게재 당일, 청와대가 직접 나서 나의 칼럼을 비난하는 동시에 정정보도를 요청한 것이다. 서면 브리핑을 통해 공세에 나선 건 한정우 부대변인이었다. 고민정 대변인이 문 대통령의 북유럽 3개국 순방을 수행 중이어서 역할을 대신한 것으로 여겨졌다. 어쨌거나 청와대는 논란이 된 칼럼에 대해 "잘못된 정보를 옳지 않은 시선에서 나열한 사실 왜곡"이라며 강력한 유감 표시와 함께 중앙일보에 정정을 요청했다. 그러면서 "해당 칼럼은 방문지 국가의 요청과 외교 관례를 받아들여 추진한 대통령 순방 일정을 '해외유람'으로 묘사하고 있다"면서 "이는 상대국에 대한 심각한 외교적 결례이며 국익에도 전혀 도움이 되지 않는다"라고도 했다. 청와대는 특히 베르겐 방문 일정에 대해 "모두 노르웨이의 요청에 따라 결정된 것"이라며 "수도 오슬로 이외 제2의 지방 도시를 방문하는 것은 노르웨이 국빈방문의 필수 프로그램이고 노르웨이의 외교 관례"라고 주장했다. 그리그의 집 방문에 대해서도 "노르웨이 측이 일정에 반드시 포함해 줄 것을 간곡히 권고하여 이루어진 외교일정"이라는 게 청와대의 주장이었다. 하지만 뒤에서 자세히 설명하겠지만, 이 같은 청와대의 주장은 완전히 거짓인 것으로 나중에 드러났다. 관광 성격이 짙은 베르겐 방문이 문제가 되자 이를 무마하기 위해 사실을 호도했던 것이다. 또한 김 여사의 인도 방문과 관련해서는 여전히 모디 총리의 요청에 의해 가는 것이라고 강조했다. 인도 측에선 그저 고위급 대표단을 파견해 달라고 요청했으며 이에 한국 정부가 김 여사를 보내겠다고 통보해서 이뤄졌는데도 말이다.

청와대 한 부대변인의 서면 브리핑 전문은 다음과 같다.

> **중앙일보 칼럼의 정정을 요청합니다.**
>
> 6월 11일자 중앙일보 〈남정호 칼럼〉에 대해 강력한 유감을 표합니다. 잘못된 정보를 옳지 않은 시선에서 나열한 '사실왜곡'입니다. 더욱 안타까운 것은 외교상 방문지 국가의 요청과

외교관례를 받아들여 추진한 대통령 순방 일정을 '해외유람'으로 묘사하고 있는 것입니다. 이는 최초로 국빈 방문을 하게 된 상대국에 대한 심각한 외교적 결례이며, 국익에도 전혀 도움이 되지 않습니다.

노르웨이 베르겐 방문일정은 모두 노르웨이의 요청에 따라 결정된 것입니다. 수도 오슬로 이외 제2의 지방도시를 방문하는 것은 노르웨이 국빈방문의 필수 프로그램입니다. 노르웨이의 외교관례입니다. 2017년 아이슬란드 대통령도 베르겐을 방문하였고, 2018년 슬로바키아 대통령도 베르겐을 방문한 바 있습니다.

베르겐 방문은 노르웨이 국빈방문 일정의 거의 대부분을 동행하는 국왕의 희망이 반영된 것입니다. 노르웨이측은 노르웨이 역사상 가장 큰 규모의 해군 함정 승선식을 우리 대통령 내외분과 함께 하는 것을 적극적으로 희망하였습니다. 아울러 중앙일보가 '모우호'라고 언급한 군수지원함은 '모드(MAUD)호'임을 밝힙니다. 중앙일보는 '그리그의 집' 방문을 '양국관계 증진'이 아닌 '풍광 좋은 곳에서의 음악회 참석'으로 폄훼합니다. 그리그의 집 방문 또한 노르웨이측이 일정에 반드시 포함해 줄 것을 간곡히 권고하여 이루어진 외교일정입니다. '그리그'는 노르웨이 국민들이 사랑하고 가장 큰 자부심을 갖고 있는 베르겐 출신의 노르웨이 국민 작곡가임은 주지의 사실입니다.

중앙일보는 또 김정숙 여사의 인도 방문을 두고 '인도 총리 요청으로 가는 것처럼 발표했다'고 했습니다. 이는 사실이 아닙니다. 김정숙 여사의 대표단 인도 방문은 인도 모디총리가 한-인도 정상회담 계기에 대표단 참석을 요청하고 이후 지속적으로 우리 고위 인사 참석을 희망해옴에 따라 성사된 것입니다. 허위의 사실을 기반으로 김정숙 여사를 비방한 것입니다. 중앙일보는 김정숙 여사의 일정을 소개하며 둘째날 총리 면담, 셋째날 허왕후 공원 착공식 및 디왈리 축제, 넷째날 타지마할 관광 후 귀국만을 언급했습니다. 당시 김정숙 여사는 스와라지 외교장관 접견, 사비타 대통령 영부인 면담, 뉴델리 학교 스타트업 시연현장 방문, 우타르프라데시주 주총리 면담 등의 공식 일정을 수행했습니다. 이런 일정을 의도적으로 언급하지 않은 건 아닌지 묻지 않을 수 없습니다.

이러한 사실관계를 지적하며, 중앙일보측이 칼럼을 정정해줄 것을 엄중히 요청합니다.

— 2019년 6월 11일 청와대 부대변인 한정우

면밀한 취재를 통해 작성한 칼럼이기에 한 부대변인의 반박문은 여러모로 거슬렸지만 가장 기분을 상하게 한 것은 꽤나 사소한 사안이었다. 반박문 중간쯤에서 한 부대변인은 이렇게 지적했다. "중앙일보가 '모우호'라고 언급한 군수지원함은 '모드(MAUD)호'임을 밝힙니다"라고. 기사나 칼럼에서는 중요한 사실관계가 맞는지, 또 여기에 기초한 논리적 전개가 합당한지가 핵심이다. 결정적인 오해를 불러일으키지 않는다면 명칭이나 맞춤법, 띄어쓰기까지 문제 삼을 일은 아니다. 그런데도 청와대는 굳이 문 대통령이 승선했던 군수지원함이 '모우호'가 아닌 '모드(MAUD)호'"라고 명시했다. 받아들이는 입장에서는 기사의 신뢰도를 떨어뜨리기 위한 흠집 내기로 밖에 들리지 않았다.

　그러나 이런 주장은 하나만 알고 둘은 모르는 것이었다. MAUD의 영어식 발음은 모드로 생각될 수 있지만 노르웨이어의 경우 단어의 마지막 D 앞에 장모음이 나오면 묵음으로 처리하게 돼 있다. 따라서 이 원칙에 따라 MAUD의 발음은 '모우'가 맞다. 과거에 노르웨이 군수지원함을 다룬 기사에서 모두 '모우호'라고 표기한 것도 이 때문이다.

　어쨌거나 청와대의 발표가 나오자 상황이 완전히 달라졌다. 당연하고도 일반적인 언론의 권력 비판에서 권력의, 그것도 유례를 찾기 어려운 청와대의 언론 탄압으로 본질이 바뀐 것이다. 개인적 의견이지만 돌이켜 보면, 그때 청와대는 그저 모른 척 침묵하는 게 현명했다. 괜히 신문에 난 기사, 그것도 칼럼의 내용과 논조를 비판하며 정정을 요구하는 것은 사태를 더 악화시키는 결과를 낳을 뿐이었다. 도대체 어떤 내용이길래 청와대가 그렇게 발끈하며 정정을 요구하는지 관심이 쏠리면서 졸지에 정치권은 물론 일반인들까지 특별히 주목하게 된 것이다. 조용한 벌통을 건드린 셈이라고 할까. 청와대에 감각 있고 발언권이 있는 참모가 있었더라면 그냥 덮고 넘어가자고 했을 것이다. 대통령 부인에 직격탄을 날린 칼럼이었기 때문인지, 청와대는 어느 때보다 민감하게 반응해 결국 사태를 악화시켰다고 나는 생각한다.

어쨌거나 청와대의 논평이 나오자 당장 야당인 자유한국당이 날선 공격에 나섰다. 당의 공식 창구인 전희경 대변인은 논평에서 "기사도 아닌 칼럼에 사실 왜곡 운운하며 내용을 수정하라는 청와대의 명령은 권력이 휘두르는 횡포의 한 사례로 역사에 남을 만한 일"이라고 지적했다. 그러면서 "외교 관련 비판만 받으면 청와대가 전가의 보도처럼 사용하는 외교적 결례란 표현도 역시 등장했다"며 "단 하나의 비판기사도 대통령 심기 보전을 위해 치워버리겠다는 불타는 충성심인지 보기가 민망할 노릇"이라고 비판했었다. 당 언론장

2019년 6월 청와대의 정정보도 요구를 언론탄압이라고 비판한 유튜브 방송 '김진TV'

악 저지 특위 위원장인 박대출 의원도 "신문 칼럼까지 통제하려 한다"며 "그게 언론 자유 침해이고, 독재적 발상"이라고 꼬집었다. 그러면서 "칼럼은 대통령 순방에 대한 기자의 해석인데 이것까지 청와대 입맛대로 해야 하느냐"고 반문했다.

반면 최재성 더불어민주당 의원은 YTN에 출연, "정책인들끼리, 정당끼리 또 일반 언론인도 최소한의 금도가 있다고 생각한다"며 "대통령이 외국 순방 중일 때는 정쟁도 멈추는 것으로 북유럽에서 정상외교를 하고 있는데 트집 잡는 것은 언론에도 유례가 없는 일"이라고 주장했다. 칼럼을 둘러싼 논란이 여야 간 정치적 공방으로 옮겨붙은 것이다. 칼럼은 또 일반 언론매체는 물론 보수적 유튜버 사이에서 큰 반향을 일으켰다.

대부분의 신문과 방송이 칼럼 내용과 청와대의 반박 내용을 다뤘다. 김진 전 중앙일보 논설위원이 운영하는 '김진TV'를 비롯, '김광일의 입', '진성호의 융단폭격' 등 우파 유튜브 방송들은 청와대의 정정요구를 언론 탄압이라고 비판하고 나섰다. 일부 친여 성향의 한 인터넷 매체는 '왜곡의 정수를 보여준 중앙일보 남정호'라는 제목 아래 문제의 칼럼이 "문재인 대통령의 북유럽 순방을 유람으로 둔갑시키는 수법을 선보였다"며 "필요한 팩트만 발췌해서 김정숙 여사 인도 방문을 버킷리스트로 왜곡했다"고 공격했다. 기사의 진실 여부와는 관계없이 진영 논리에 따른 공방이 이어진 셈이다.

신속한 청와대의 정정보도 요구

이런 공방이 이어지고 난 뒤 10여일 후 중앙일보에 청와대가 보낸 6월 25일 자 정정반론보도 청구 문서가 도착했다. "김정숙 여사의 버킷리스트 칼럼과 관련, 구두로 중앙일보에 정정 보도를 요청했으나 답이 없어 공문을 보냈다"고 윤도한 청와대 국민소통수석은 나중에 밝혔다. 노영민 청와대 비서실장이 신청인인 정정반론보도 청구는 네 부분을 문제로 삼았다.

첫째, '문재인 대통령 부부는 배에 올라 피오르의 비경을 접할 거다' 둘째, '공식일정 중 하루를 이 풍광 좋은 베르겐에서 쓴다' 셋째, '청와대는 인도 총리 요청으로 가는 것처럼 발표했지만, 인도 대사관은 '한국 측이 김 여사를 대표단 대표로 보낸다고 알려와서 초청장을 보냈다'고 밝혔다' 넷째, '김정숙 여사의 버킷리스트?', '순방 때 관광지 방문 찾아 눈길' 부분에 대해 청와대는 정정보도 청구 사유를 이렇게 밝혔다.

> "대통령의 해외순방은 외교상 방문지 국가의 요청과 외교관례를 존중하여 구성하는 것임. 해외순방을 해외유람으로 묘사하는 표현은 사실과 다르며 외교적 신뢰를 저해할 수 있음"

정정반론보도문(안)

2019.6.11.자 중앙일보 및 온라인 중앙일보 사설/칼럼면(30면)에 보도된 남정호의 시시각각 「김정숙 여사의 버킷리스트?」 라는 제목의 칼럼과 관련, '모드(MAUD) 군수지원함이 있는 해군기지는 피오르드와 관련이 없는 장소'인바, '**노르웨이에서도 절경 피오르드 방문**', '**어쨌거나 문 대통령 부부는 배에 올라 피오르드의 비경을 접할 거다**' 부분은 사실이 아님이 밝혀져 이를 바로잡습니다.

'**공식일정 중 하루를 이 풍광 좋은 베르겐에서 쓴다**' 부분에 대해, 청와대는 "베르겐 방문일정은 ①노르웨이 국왕의 희망이었던 점, ② 노르웨이 측은 해군 함정 승선식을 적극적으로 희망한 점, ③오슬로 이외 제2의 지방도시 방문은 국빈방문의 필수 프로그램인 점을 고려 하여 추진하게 되었다"고 알려왔습니다.

'**청와대는 인도 총리 요청으로 가는 것처럼 발표했지만 인도 대사관은 "한국 측이 김 여사를 대표단 대표로 보낸다고 알려와서 초청장을 보냈다"고 밝혔다**' 부분은 '인도 모디 총리가 2018년 7월 한-인도 정상회담 계기, 대표단 참석을 지속적으로 요청하고 고위 인사 참석 을 희망해옴에 따라 김정숙 여사가 가게 된 것'으로 확인되었으므로 이를 바로 잡습니다.

또한, 제목 '**김정숙 여사의 버킷리스트?**', '**순방 때 관광지 방문 찾아 눈길**' 부분에 대해 청와대는 "'대통령의 해외순방은 외교상 방문지 국가의 요청과 외교관례를 최대한 존중하여 구성'하는 것인데 이를 해외유람 으로 묘사한 부분은 상대 국가에 대한 외교적 결례가 될 수 있음을 고려할 때 매우 유감스럽게 생각한다"고 알려왔습니다.

2019년 6월 청와대가 중앙일보에 게재를 요구했던 정정반론보도문(안)

청와대는 자신들이 원하는 정정반론보도문안도 보내왔다. 무려 A4용지로 한 페이지에 달하는, 무척 긴 글이었다. 기본적인 사실관계가 틀리지 않아 칼럼 내용을 정정할 생각은 털끝만큼도 없었지만, 설사 실어주기로 해도 도저히 소화할 수 없을 정도로 막대한 분량이었다. 결국 나는 회사 법무팀과 상의한 끝에 일절 대응하지 않고 이를 무시하기로 했다.

회사에 도착한 청와대의 정정반론보도 청구서를 무시하고 난 뒤 3주쯤 지났을까, 예상했던 청와대의 대응이 나왔다. 언론중재위원회에 조정신청을 하는 것이었다. 참고로 언론중재위는 보도로 인해 분쟁이 일어날 경우 이를 조정하거나 중재해 피해자를 구제하기 위해 설립된 기관이다. 전국에 걸쳐 18개의 중재위원회를 운영하면서 잘못된 언론사 보도의 경우 이를 정정하도록 하고 반론권이 보장되지 않았으면 당사자의 주장을 게재하도록 중재한다. 통상 중재위원회의 위원장은 현직 부장판사가 맡고 4명의 위원은 변호사, 언론 관련 교수, 또는 전직 언론인으로 구성된다. 나라의 모든 핵심 기능이 집중된 수도답게 서울에는 8개의 중재위원회가 설치돼 있는데 이번 사건은 제2중재부에 배당됐다.

언론중재위에 사건이 넘어가자 회사로 청와대 측이 보낸 언론조정신청서가 배달됐다. 각종 증거 및 참고 자료를 포함, 40여 페이지에 달하는 두툼한 서류였다. 분량도 분량이었지만 가장 눈길을 끌었던 건 사건을 맡은 로펌의 이름이었다. 청와대 측 변호인은 법무법인 엘케이비(LKB) 소속 변호사들이었던 것이다.

엘케이비가 어떤 곳인가? 문재인 정부 들어 정권과 관련된 중요 사건을 휩쓸다시피 해 여권의 구원투수로 불리는 이름난 법률회사다. 특히 엘케이비는 법원 내 진보 성향의 연구 모임인 우리법연구회 창립 멤버로, 서울고법 부장판사 출신 이광범 변호사가 설립했다는 사실만으로도 비상한 주목을 받았다. 이런 배경 덕인지 이재명 더불어민주당 대선 후보가 경기도지사 시절인 2020년 7월 허위사실공표 혐의로 당선 무효 위기에 몰린 그를 무죄 취지의 대법원 파기환송 판결로 구원해냈다.

이뿐 아니라 조국 전 법무부 장관과 부인 정경심 전 동양대 교수 사건을 비롯, 포털사이트 여론 조작 혐의로 유죄를 선고받은 김경수 전 경남도지사 및 '환경부 블랙리스트' 작성 혐의로 실형을 받은 김은경 전 환경부 장관 사건 등 문재인 정부 내 유력 인사들의 변호를 도맡았다. 그처럼 문재인 정권 들어 가장 막강하고 잘나가는 로펌에 의뢰했다는 사실만으로도 청와대가 이번 사건을 얼마나 중요하게 여기는지 단박에 알 수 있었다. 이번 사건을 맡은 청와대 측 변호인 2명 중에는 유지원 변호사가 포함돼 있었다. 유 변호사는 조국 전 법무부 장관의 부인 정경심씨의 사건에도 투입됐다. "청와대가 최고 일류 로펌을 붙일 테니 결국은 이길 수 없을 것"이라고 했던 동료 논설위원의 경고가 새삼 떠오르지 않을 수 없었다.

그러나 어쩌겠는가? 일단 청와대와 정면승부를 벌이기로 작정한 이상, 물러설 수는 없는 노릇이었다. 그 당시 내가 주문처럼 되뇌던 경구가 있다. "사실은 신성하다." 이는 57년간 영국 맨체스터 가디언(가디언의 전신)의 편집장을 지냈던 찰스 P. 스콧의 글에 실렸던 구절이다. 스콧은 1921년 맨체스터 가디언 창립 100주년 기념 글에서 이렇게 썼다. "논평은 자유지만 사실은 신성하다(Comment is free, but facts are sacred)"고. 누가 뭐라든, 아무리 권력이 위협하든, 사실을 보도했다면 아무것도 겁내거나 꺼릴 게 없었다. 간간이 "어떻게 권력의 최고 정점인 청와대와 싸울 엄두를 낼 수 있었느냐"는 질문을 받을 때가 있다. 그럴 때면 나는 "'진리가 너희를 자유케 하리라'라는 말이 있지 않느냐"며 반문한다. 그랬다. 보도 내용이 사실이면 겁낼 게 없다. 30여 년을 넘은 기자 생활에서 터득한 지혜다.

어쨌거나 바라지도, 생각하지도 못했지만, 청와대와의 싸움은 시작된 셈이었다. 그리하여 청와대의 법률대리인인 엘케이비 변호사들이 제출한 조정신청서 내용을 자세히 뜯어보기 시작했다. 청와대 측에서 사실과 다르다며 문제 삼은 부분은 크게 네 가지였다. 첫째, 문 대통령의 베르겐 방문은 노르웨이의 요청에 따라 결정된 것으로 오슬로 이외의 지방 도시 방문은 노르웨이 국빈 방문의 필수 프로그램이다. 둘째, 해당 도시(베르겐)의 풍경을 이유로 공식 일정 중 하루를 국정을 위한 자리가 아닌 개인적인 일정처럼 묘사한 것은 사실 왜곡이며 대통령 부부는 해군기지를 방문, 군함에 올랐을 뿐 피오르를 본 사실이 없다. 셋째, 김정숙 여사의 인도 방문이 인도 총리의 요청이 아니라 우리나라 요청으로 초청장을 보내서 이뤄진 것이란 내용은 허위사실이다. 넷째, 문 대통령 부부의 해외순방이 관광지에 집중돼 있고 전임 대통령들보다 많다고 보도한 것은 사실이 아니다.

청와대 측 변호사들과 공방이 불붙으면서 절감한 게 있었다.
"이제부터는 팩트와 논리 싸움이다"라는 사실이었다.
그리하여 나는 시간을 갖고,
긴 호흡으로, 사실관계를 다시 한번 샅샅이 검토하기 시작했다.

IV

승소한 1심 재판,
그리고
드러난 거짓말들

청와대 측 변호사들과 공방이 불붙으면서 절감한 게 있었다. "이제부터는 팩트와 논리 싸움이다"라는 사실이었다. 그리하여 나는 시간을 갖고, 긴 호흡으로, 사실관계를 다시 한번 샅샅이 검토하기 시작했다. 고백하건대 신속하게 처리해야 할 일반 기사는 물론이고 비교적 시간을 들여 준비하는 칼럼조차도 몇 주 만에 완성해야 한다. 모든 사실관계는 물론이고 사전연구까지 철저하게 훑은 뒤 써내려가는 논문이나 학술서적과는 다르다. 시간이란 제약 조건으로 인해 어쩔 수 없는 실증적, 논리적 구멍이 있을 수밖에 없다는 얘기다. 하지만 청와대와의 싸움이 본격화되면서 나는 문 대통령 부부의 해외 순방을 현미경 들여다보듯 철저히 분석하기 시작했다. 그럴 수밖에 없었다. 특히 청와대의 반박문과 정정반론신청서 내의 변호사 측 주장은 어떤 문제를 집중적으로 파헤쳐야 하는지 시사해주는 길라잡이가 돼 주었다. 그리하여 나는 청와대 측 논리를 깨기 위해 밤을 새

위가며 관련 자료들을 찾고 조사했다.

　그랬더니 그전까지는 알지 못했던, 청와대의 주장을 뒤집는 중대하고 결정적인 증거들이 나오는 게 아닌가! 역설적으로 청와대의 반박이 문 대통령 부부에게 결정적으로 불리한 사실을 밝혀내는 계기가 된 셈이다. 새로 알게 된 가장 중요한 팩트는 노르웨이 왕실 영문 사이트에서 찾을 수 있었다. 옛날에는 중요한 정보, 그중에서도 정부와 관련된 정보를 민간인이 알기는 거의 불가능했다. 공공기관에 의한 정보공개란 개념 자체가 없었을뿐더러 행정의 투명성보다는 보안이 강조되던 시절이었다. 특히 외교와 관련된 사안을 정확히 파악하기란 불가능했다. 외교 당국은 국익, 또는 외교기밀이라는 허울 좋은 이름을 덧씌워 국민과 언론의 눈으로부터 수많은 사실을 숨겼다. 외교는 파트너가 있기 마련이라 상대국에 확인하는 길이 아예 없는 것은 아니었다. 하지만 국내에 앉아 영문 편지로 사정을 설명하고 몇 주, 길게는 몇 달 동안 기다린 뒤 필요한 자료를 받거나 의문 사항을 확인한다는 것은 보통 어려운 일이 아니었다. 상대국 정부에서 확인해 줄 수도, 자료를 제공해 줄 수도 없다고 하면 그뿐이었다. 기자라고 신분을 밝혀봐야 별 이해관계도 없는 외국 정부에서 적극적으로 협력해 줄 리 만무했다.

　하지만 인터넷 시대가 열리면서 사정은 완전히 달라졌다. 지구촌

노르웨이 왕실 홈페이지

어디에 앉아 있든 필요한 정보를 빛의 속도로 얻는 게 가능해졌다. 해당 자료가 공개돼 인터넷상에 올라있는 한 말이다. 다행히도 많은 국가가 공적 사안은 특별한 이유가 없는 한 공개한다는 투명성의 원칙을 채택해 웬만한 정보는 클릭 몇 번만 하면 쉽게 얻을 수 있다. 노르웨이에 방문한 각국 정상들의 행적도 그중의 하나였다. 노르웨이는 총리가 행정 수반이지만 국가 정상은 여전히 국왕인 입헌군주제 국가다. 따라서 외국의 국왕이나 대통령, 또는 총리가 방문하면 국왕이 응대하고 별도로 총리와 회담하는 게 관례다. 이런 터라 노르웨이 왕실(The Royal House of Norway) 홈페이지를 발견해 검색해 보니 현 국왕인 하랄 5세(Harald V) 재임 기간 중 있었던 해외 방문 기록과 함께 모든 외국 정상들의 노르웨이 국빈방문 일정이 자세히 나와 있는 게 아닌가.

　외국 정상들의 국빈방문 리스트를 찾은 나는 잘하면 중요한 새로운 사실을 찾을지 모른다는 기대에 자못 흥분했다. 찾아보니 1991년 현 국왕인 하랄 5세가 즉위한 이래 노르웨이를 국빈방문한 외국 정상은 1992년 그리 멀지 않은 덴마크의 여왕 마르그레테 2세가 처음이었다. 이후 2019년 6월 문재인 대통령 방문에 이르기까지 모두 48명의 외국 정상이 노르웨이를 국빈방문했다. 친절하게도 이중 최근 방문한 외국 정상 22명의 일정이 홈페이지에 자세히 나와 있었다. 이 자료를 읽어보면 이들이 며칠 동안 노르웨이에 머물렀으며, 그동안 어디어디를 갔는지, 소상히 파악할 수 있었다. 그리하여 나는 인터넷상에 일정이 자세히 나와 있는 21건의 2007년 이후 국빈방문(문 대통령 방문 제외) 일정을 면밀하게 분석하기 시작했다. 네덜란드·아일랜드·스위스·러시아 등 주변 유럽국가 외에도 일본·베트남·인도·싱가포르 등 아시아 국가와 남아공 등의 정상이 노르웨이를 찾은 것으로 나타났다. 이들의 노르웨이 일정을 자세히 추적했다. 그랬더니 청와대가 나의 칼럼을 반박하기 위해 주장했던 내용과는 완전히 다른, 놀라운 결과가 나오는 것이 아닌가.

첫번째 거짓말: 베르겐은 안 가는 게 관례에 맞다

칼럼 게재 당일, 베르겐 방문을 정당화하는 청와대 발표는 이랬다.

> 수도 오슬로 이외 제2의 지방도시를 방문하는 것은 노르웨이 국빈방문의 필수 프로그램입니다. 노르웨이의 외교관례입니다. 2017년 아이슬란드 대통령도 베르겐을 방문하였고, 2018년 슬로바키아 대통령도 베르겐을 방문한 바 있습니다.

아이슬란드 대통령도, 슬로바키아 대통령도 베르겐을 방문했다고 하니 수도 오슬로 이외의 지방 도시 방문은 필수 프로그램이라는 청와대 주장은 나에게조차도 사실처럼 들렸다.

그러나 외국 정상의 노르웨이 국빈 방문 사례를 하나하나 짚어보니 전체 21건의 사례 중 9번은 국빈이 오슬로에만 있었고 지방 도시에 간 적이 없는 것으로 나타났다. 따라서 '제2의 지방 도시 방문은 필수 프로그램이고 외교 관례'라는 청와대 주장은 잘못된 것이다. 더 주목해야 할 대목은 노르웨이를 국빈 방문한 외국 정상 중에서 지방 도시에 간 12건의 경우 단 한 번을 빼고는 모두 방문 일자가 3일 이상이었다는 사실이다. 이틀만 노르웨이에 머물렀던 10번의 국

State Visit from Vietnam

President Nguyen Minh Triet and Mrs Tran Thi Kim Chi of the Socialist Republic of Vietnam paid a formal State Visit to Norway on 5 and 6 June. The President and First Lady came to Norway at the invitation of His Majesty King Harald.

12.06.2008

Their visit commenced with an official welcoming ceremony in the Palace Square.

After the welcoming ceremony, the President visited the Storting (Norwegian national assembly), where he was received by Mr. Torbjørn Jagland, President of the Storting. Her Majesty Queen Sonja and Mrs Tran Thi Kim Chi attended a guided tour of the new opera house in Bjørvika.

An official luncheon was held at the Royal Palace, after which the King and Queen and the President and First Lady were taken to Akershus Castle for a wreath-laying ceremony at the National Monument.

The day concluded with a gala dinner at the Royal Palace.

Day 2

On the morning of 6 June President Nguyen Minh Triet had official talks with Prime Minister Jens Stoltenberg at the Prime Minister's Office. Afterwards the President, together with His Royal Highness Crown Prince Haakon, departed for the offices of Telenor, at Fornebu, where they attended a seminar entitled "Business Forum Vietnam and Norway". Subsequently, the President paid a visit to the Supreme Court.

Her Majesty The Queen accompanied Mrs. Tran Thi Kim Chi to the Bygdøy Peninsula, where they were taken on guided tours of the Viking Ships Museum and the Open Air Folk Museum.

Prime Minister Stoltenberg hosted an official luncheon at Akershus Castle in honour of the Vietnamese Presidential couple. King Harald and Queen Sonja and the Crown Prince and Crown Princess were all in attendance.

The State Visit was concluded on Friday, with a cruise on the Oslo Fjord on board the Royal Yacht, K/S Norge.

2008년 12월 노르웨이를 국빈방문한 응우엔 민 찌엣 베트남 국가주석의 일정을 전한 노르웨이 왕실 홈페이지빈 방문 중에서 2011년에 이뤄졌던 리투아니아 정상 케이스만 제외하고는 9번 모두 오슬로만 있었다. 요컨대 12년 동안 노르웨이를 국빈방문한 외국 정상 21명의 케이스를 분석해 보니 딱 한 번의 예외를 빼고는 공식 일정이 3일 이상이었을 경우 지방 도시에도 갔던 반면 이틀이었으면 오슬로에만 머물렀다는 얘기다. 문 대통령 부부의 공식 일정은 이틀이었다. 그러니 공식일정이 이틀에 불과했던 문 대통령 부부가 지방 도시인 베르겐을 방문했던 것은 청와대의 주장과는 달리 필수 프로그램도 아니었으며 오히려 노르웨이 국빈방문 관례에 어긋나는 일이었던 것이다.

아울러 베르겐 방문은 노르웨이의 요청에 따라 결정된 것이란 청와대 측 주장도 이치에 맞지 않기는 마찬가지였다. 도대체 어느 나라 정상이 초청국가의 요구대로만 일정을 정하겠는가? 초청국가가 마련하는 최소한의 의전 행사에는 참석하는 게 예의이자 관례다. 환영행사 및 의장대 사열, 참전용사비 헌화, 국빈 만찬 등이 여기에 해당한다. 하지만 그 외의 일정은 방문국과 초청국 양쪽 정부가 상의해 결정한다. 이 내용은 외교부 홈페이지에도 잘 나와 있다.

대통령 순방 방문일정(안) 수립 및 협의

방문일정(안) 수립 시에는 접수국의 외빈 접수 기준 및 과거

외교부
Ministry of Foreign Affairs

정부혁신
보다나은 정부

국민의 나라
정의로운 대한민국

검색어를 입력하세요

대통령순방

| 대통령순방 | 국무총리순방 | 외빈방한영접 | 외교사절의파견및접수 |

대통령 순방 준비절차

1. 해외순방 기본계획 수립
2. 방문일자교섭
3. 구체 방문일정 수립
4. 정부합동답사단 파견
5. 지원요원 파견
6. 수행원 결정
7. 대통령 해외순방행사 시행

대통령 순방

방문일정 수립

1. 방문시기 조정
   해외순방행사 준비는 최소 2개월 이상의 준비기간을 요하므로, 검토 초기단계부터 주요 외교일정 및 주기적인 다자정상회의 개최 시기를 고려, 해외순방이 특정시기에 집중되지 않도록 조정한다.
2. 방문대상국 확정
   해외방문계획 수립 시, 주요 방문국이 결정되면, 이와 연계하여 인근국 방문을 추진하는 경우가 있으며, 연계 방문국 결정 시, 동 국가의 우리 대통령 초청여부, 방문 필요성, 기대 성과, 순방 시 순로 여부, 비행시간 등 관련 제반 사항을 검토하게 된다.
3. 방문시기 확정
   해외 순방 시 1개국 방문기간은 통상 2박 3일로 추진하며, 지방도시 방문이나 방문기간에 주말, 공휴일이 포함되어 있는 경우 3박 4일 이상의 일정이 진행되는 경우도 있다. 방문 시기 결정 시 접수국의 예상 기후 및 공휴일도 고려하게 된다.
4. 방문의 格 확정
   방문의 格(국빈, 공식, 실무방문)은 방문 시 우리 대표단에 대한 접수국 측의 의전상 예우 범위와 직결되어 있어, 숙소, 차량, 일정 등 제반 방문 준비에 중요한 고려 요인이 되므로 방문 대상국이 확정될 때 방문의 격을 조기에 합의하는 것이 필요하다.
5. 방문일정(안) 수립 및 협의
   방문일정(안) 수립 시에는 접수국의 외빈 접수 기준 및 과거 방문기록을 참조하여 초안을 작성 후, 청와대 등 관계 기관과의 협의를 거쳐 결정한다. 우리 측 자체 일정은 공관 건의, 지역국의 의견, 청와대 의견 등을 종합적으로 감안하여 수립하되, 방문 성과를 극대화할 수 있는 일정을 포함한다.

주요일정 (예시)

1. 필수일정(접수국측의 의전예우에 따른 필수 일정)
   공항도착·출발행사, 공식환영식(국빈방문), 정상회담, 협정서명식, 국빈(공식)연회 등
2. 선택일정
   공동기자회견, 국회방문 및 연설, 주요인사 접견, 산업시설 또는 문화유적지 시찰, 동포간담회 등

대통령 해외순방 관련 의전 및 일정 결정 원칙 등을 설명한 외교부 홈페이지

방문기록을 참조하여 초안을 작성 후, 청와대 등 관계 기관과의 협의를 거쳐 결정한다. 우리 측 자체 일정은 공관 건의, 지역국의 의견, 청와대 의견 등을 종합적으로 감안하여 수립하되, 방문 성과를 극대화할 수 있는 일정을 포함한다.

이 같은 외교부의 순방일정 결정 매뉴얼을 읽어보면 대통령의 자체 일정은 우리 측이 능동적으로 정하도록 돼 있음을 알 수 있다. 노르웨이가 특정 장소 방문을 요청한다 해도 이를 받아들일지 말지는 우리가 결정할 사안이다. 사실이 이러함에도 문 대통령의 베르겐 방문은 노르웨이 정부가 원했기에 어쩔 수 없이 이뤄졌다는 식의 청와대 발표는 어디로 보든 비상식적인 핑계가 아닐 수 없다.

초청받은 건 김 여사 아닌 강경화 장관

인도 정부가 김정숙 여사를 초청해 인도 방문이 이뤄졌다는 청와
대 측 주장과 관련해서도 새로운 사실을 발견할 수 있었다. 2018년
7월 문재인 대통령 부부의 인도 국빈 방문 당시, 수시마 스와라지 외
교부 장관이 문 대통령과 강경화 외교부 장관을 만난 자리에서 강
장관에게 디왈리 축제와 허왕후 기념공원 행사에 참석해 달라고 요
청했다는 국내 언론 기사를 찾아낸 것이다. 결국 인도 정부가 초청
하고 싶었던 인물은 김 여사가 아닌 강 장관이었으나 나중에 한국
정부가 김 여사를 대표로 보내겠다고 통보해 김 여사의 인도 방문이
이뤄졌다는 사실을 나는 알게 됐다. 그리하여 나는 새롭게 알게 된
사실을 바탕으로 청와대 측 주장을 반박하기 위한 답변서를 중재위
원회에 제출했다.

답변서 제출 전에 나는 2019년 7월 26일 제2중재부 조정에 나오
라는 출석요구서를 받은 상태였다. 위원장을 포함, 5명의 중재위원
앞에서 청와대 측 정정보도 요구에 대한 반론과 보도 경위 등을 해
명해야 하는 처지였던 것이다. 그리하여 나는 조정기일이 되자 광화
문 프레스센터 15층에 자리 잡은 언론중재위에 출석했다.

30여년간 언론사에서 일했지만, 언론중재위에 출석하긴 그때가

처음이었다. 분쟁조정이 이뤄졌던 곳은 크지도 작지도 않은 방이었다. 한쪽에 중재위원이, 그 맞은편에 청와대 측 변호사와 피신청인인 중앙일보 측 대표로 내가 나란히 앉았다. 청와대를

스와라지 장관은 강경화 외무장관을 11월 디왈리 축제에 초청했고 문 대통령은 장관장관을 수석으로 한 양국 공동위원회 및 외교안보 분야 차관급 2+2 회담등 양국 정상간 합의 사항이 잘 이뤄질 수 있도록 해달라고 당부했습니다.
문 대통령은 스와라지 장관에게 인도에 거주중인한국인 취업 비자가 1년 단위로 갱신해야하며 애로사항이 있다며 장기 체류가 가능하도록 개선해 달라고 당부했고 스와라지 장관은 모디 총리께 보고하고 해결책을 강구하겠다고 답했습니다.

인도 정부가 강경화 외교부 장관을 디왈리 축제에
초청했다고 전한 청와대 발표문

대리한 엘케이비 변호사는 2명이었다. 조정은 일단 청와대 측 변호사들이 정정보도 신청 이유를 밝히고 이에 대해 내가 답변하면 양측 주장을 들은 중재위원들이 분쟁을 조정하는 방식이었다. 놀라운 대목은 청와대 측 변호인들이 내가 7월 24일에 제출했던 답변서에 대한 50여 페이지에 달하는 두툼한 반박자료를 불과 이틀만인 26일에 준비해 왔다는 사실이었다. 그 짧은 시간에 반박 논리와 함께 이를 뒷받침하는 근거 자료를 만들어 오다니, 바짝 긴장하지 않을 수 없는 상황이었다. 청와대가 뒤에서 온갖 자료를 제공해주는 상태에서 초일류 로펌과의 법정 싸움은 예상보다 훨씬 치열하고 고단할 거라는 예감을 지울 수 없었다.

한편 출석 전 중재위원들의 면모를 검색해 보니 다수가 언론 관계

교수나 전직 기자들이었다. 직업의 특성과 경력상 누구보다 언론의 자유를 중시할 인사들일 거라고 짐작했기에 기자인 나에게 우호적인 분위기 속에 조정이 진행될 거라고 내심 기대했었다. 하지만 완전한 오산이었다. 지금은 시간이 꽤 흘러 당시 발언을 정확하게 기억할 수는 없지만, 다수의 중재위원은 필자인 나를 책망하는 분위기였다. 심지어 어떤 위원은 "기자가 편견을 가지고 글을 써서야 되겠느냐"고까지 했다. 그나마 위원장인 부장판사가 가장 중립적인 입장에서 조정을 진행했던 것으로 기억한다. 변호인 측과는 처음엔 비교적 차분하게 이야기가 오갔다. 하지만 시간이 흐르면서 논쟁이 뜨거워졌다. 특히 김정숙 여사의 인도 방문 건과 관련해서는 설전이 오갔다. 나는 김 여사의 인도 방문이 사실상 우리 측의 요청에 의해 이뤄졌다는 주장을 폈다. 인도에서 요구한 것은 고위 대표단이었으며 우리 측에서 보내겠다고 했기에 김 여사에게 모디 총리가 초청장을 보냈다는 얘기였다. 그러나 청와대 측에서는 인도 총리의 방문 요청 → 인도 측 공식 방문 대표단 명단 요구 → 우리측 공식방문 대표단(대표 김정숙 여사) 명단 제공 → 인도 측 초청장 송달 → 인도 방문의 단계에 따라 김 여사의 방문이 이뤄졌으니 결국 이는 인도 총리의 요청에 의해 이뤄진 것이라고 주장했다. 지극히 형식논리에 기초한 반박이었다.

양쪽 간 설전 중에 황당한 순간도 있었다. 논쟁이 심해지자 청와대 측 변호사가 돌연 "인도 총리가 2018년 7월 문재인 대통령 내외가 방문했을 때 김정숙 여사에게 방문을 요청했다"고 주장한 것이다. 어디를 봐도 이를 뒷받침할 근거가 없는데도 말이다. 하도 갑작스러운 주장이기에 중재위원장도 황당했던 모양이다. 중재위원장은 "인도 총리실에 사실 조회를 해봐야 확인할 수 있는 사안인데 그럴 수도 없고…"라며 웃고 넘겼다.

그간의 청와대 발표 내용을 토대로 유추해볼 때 이처럼 중요한 이야기가 나왔는데도 청와대 대변인실이 빠트릴 리 없었다. 인도 외교부 장관이 강경화 장관을 허왕후 기념공원 착공식과 디왈리 축제에 초청했다는 건 발표하면서 모디 총리가 김 여사에 와달라고 한, 더 중요한 사실을 빼먹었다는 건 상식적으로 말이 안 되는 얘기다. 청와대의 주장이 틀렸다는 걸 증명하기 위해서는 중재위원장 이야기대로 인도 총리실에 사실 조회를 해야 했지만, 개인적으로 하기는 너무나 벅찬 일이 아닐 수 없었다. 그리하여 인도 총리가 직접 김 여사를 초청했다는 일방적인 주장은 진위를 가리지 못한 채 흐지부지 넘어갔다.

이밖에 청와대 측은 칼럼의 전체적 내용이나 메시지와는 크게 상관없는 사소한 문제를 걸고넘어지기도 했다. 칼럼 첫머리는 "노르웨이 서해안엔 베르겐이란 그림 같은 도시가 있다. 깎아지른 절벽 사이로 새파란 바닷물이 넘실대는, 세계 최고의 절경이라는 송네 피오르의 심장부다"라고 시작한다. 청와대 측이 문제 삼은 부분은 "(베르겐이) 송네 피오르의 심장부다"라고 쓴 대목이었다. 이들은 승선 행사가 이뤄진 해군 기지는 송네 피오르에서 200㎞ 이상 떨어진 곳으로 처음에는 피오르와는 전혀 상관없는 곳이라고 주장했다. 이와 관련된 논쟁은 조정 단계에서 해결되지 않고 정식 재판으로 넘어갔다.

결국 양측 간 합의가 이뤄지지 않자 제2중재부는 직권으로 '조정을갈음하는결정'을 내린다. 이는 신청인의 주장이 이유 있다고 판단될 경우 내리는 것으로 양측이 이를 받아들이면 결정이 확정돼 재판의 화해와 같은 효력을 갖게 된다. 하지만 양 당사자가 이의가 있으면 이의신청을 할 수 있으며 이럴 경우 자동으로 법원에 소송이 제기된다. 중재부가 내린 결정은 다음과 같은 것이었다.

제목: "김정숙 여사의 버킷리스트?" 관련 반론보도

본문: 본 신문은 2019. 6. 11.자 「김정숙 여사의 버킷리스트?」 제하의 보도에서 노르웨이 송네 피오르의 중심지인 베르겐 방문을 비롯하여 문재인 대통령 부부의 해외순방에 관광 일정이

과도하고, 최근 영부인의 인도 방문도 우리나라의 요청으로 이뤄진 것이라고 보도한 바 있습니다.

이에 대해 청와대 비서실은 "대통령이 방문한 베르겐 해군기지는 송네 피오르와 무관한 장소이며, 해외순방 일정은 상대방 국가의 요청에 의해 정해지는 것이고 영부인의 올 인도 방문도 2018년 인도 총리의 요청에 따라 성사된 것"이라고 밝혀 왔습니다. 이 보도는 언론중재위원회의 조정에 의한 것입니다.

중재부는 이러한 내용을 중앙일보 지면과 함께 온라인 오피니언 상단에 게재하도록 주문했다. 일단 정정이 아닌 반론 보도였지만 신문사 측에서 볼 때 받아들이기에는 지나치게 많은 분량이었다. 전해 듣기에는 청와대 측에서도 정정이 아닌 반론 보도라는 점 등으로 중재위 결정이 불만이었다고 했다. 양쪽 모두 언론중재위 결정을 수용할 수 없다고 판단, '김정숙 여사의 버킷리스트?' 칼럼을 둘러싼 분쟁은 결국 법원으로 넘어갔다. 본격적인 법정 싸움이 시작된 것이었다.

두 번째 거짓말: 당초 '그리그의 집' 방문 요청은 없었다

이 과정에서 우리는 전혀 예상하지 못한 값진 수확을 챙겼다. 바로 변호사 측에서 언론중재위에 증거 자료로 제출한 노르웨이 정부 작성 '문재인 대통령 방문 일정 초안(Draft Program 22 March / State Visit of HE President Moon Jae-In and First Lady Kim Jung-Sook, The Republic of Korea)'이었다.

변호사 측에서 베르겐 방문이 노르웨이 정부의 요청에 의해 이뤄진 거라는 주장을 뒷받침하기 위해 낸 자료였다. 변호인 측은 이렇게 강조했다.

> "노르웨이 측은 처음 제안부터 베르겐 방문을 제안하였고, 이후에도 오슬로 외의 도시를 방문해줄 것을 요청하였다."

지금 돌이켜보면, 청와대 측이 법원에 낸 이 국빈방문 일정안이 정말로 노르웨이 정부에 의해 제일 먼저 제안된 초안인지 확인해 볼 필요가 있다는 생각마저 든다. 노르웨이, 한국 두 정부 간에 오간 외교문서를 기자를 포함해 일반인이 볼 방법은 사실상 봉쇄돼 있다. 이론적으로는 방문 이틀간 오슬로에만 계속 머물며 양국 간 협력방

STATE VISIT
OF
HE PRESIDENT MOON JAE-IN
AND
FIRST LADY KIM JUNG-SOOK,

THE REPUBLIC OF KOREA

11 - 13 June 2019

2019년 3월 노르웨이 정부가 청와대에 보냈다는 문 대통령 부부의 국빈방문 일정 초안

Around 200 guests. Prime Minister Solberg and other
members of government will be present, as well as high level
representatives from business, culture etc.

Thursday 13 June

His Majesty The King will escort HE President Jae-In and First Lady Kim Jung-sook during
their visit to Bergen.

08:20	Departure for the Residence of the Prime Minister
08:30-10:00	**Breakfast Meeting with HE Prime Minister Erna Solberg and Joint Press Conference** *(can also be a meeting starting at 09:00)*
10:00	Departure for Oslo Airport Gardermoen VIP lounge
11:00	Departure for Bergen
11:45	Arrival at Bergen Airport Flesland VIP lounge
	Received by: Mr Lars Sponheim, County Governor Ms Marte Mjøs Pedersen, Mayor of Bergen

Departure for Hjellestad Quay

Arrival Hjellestad Quay

Departure for Buarøy Fish Farm (by boat)

Visit to the Buarøy Fish Farm

11:55

12:10   *Fish farming is prolific along most of Norway's coastline,
producing more than 1,2 million tonns per year, 95% of which is
exported.*

12:20

Departure for the Institute of Marine Research (visit to IMR
research station). Presentation of the Institute of Marine

4

문 대통령 부부 노르웨이 국빈방문 일정 초안 4번째 페이지

12:30	Research on board the boat on the way.
	Arrival at IMR research station - Visit by principals only
13:10	*With more than 4500 square metres of indoor area and its extensive outdoor areas, Austevoll is one of Europe's largest and most advanced marine research facilities.*
13:50	Departure for Bekkjarvik Guest House, Austevoll

14:30

14:50-16:15 **Official luncheon in honour of HE President Moon Jae-in and First Lady Kim Jung-Sook, hosted by the Mayor of Austevoll at Bekkjarvik Guest House with the presence of His Majesty The King.**

16:15	Departure from Bekkjarvik Guest House for Bergen
17:30	Arrival Bergen – motorcade for next venue
17:40	Arrival at KNM Maud – military logistics vessel (recently built in Korea)
17:40-18:15	**Visit in board the KNM Maud**
18:15	Departure for Bergen Airport Flesland
18:35	Arrival Bergen Airport Flesland
18:50	**Departure for Stockholm**

5

문 대통령 부부 노르웨이 국빈방문 일정 초안 5번째 페이지

노르웨이가 자랑하는 해양 연어 양어장
(사진＝Mark Konig)

안을 논의하는 일정을 노르웨이 측에서 제안했다가 한국 측이 베르겐 방문을 원하자 일정안을 고쳐서 다시 보냈을지도 모른다. 법원에 제출한 일정이 사실은 두 번째 버전인데도 초안이라고 주장하면 우리 측으로서는 확인할 길이 없다. 혹시 문재인 대통령 부부의 순방 문제가 정치 문제화돼 정확한 진상조사가 이뤄지면 진실이 밝혀질 수 있을 것이다.

어쨌거나 방문 일정 초안이라는 이 자료를 면밀히 검토한 결과 나는 새로운 사실을 발견하게 됐다. 베르겐이 있긴 했지만, 노르웨이 정부가 처음으로 제안한 일정에는 '그리그의 집' 방문도, 베르겐 내 유명한 관광지이자 유네스코 문화유산인 브뤼겐에서의 오찬도 없었다는 사실이었다.

노르웨이 정부의 제안은 이랬다. 6월 13일 오전 10시 오슬로 국제 공항을 출발해 11시에 베르겐에 도착한 뒤 엘레스타 부두(Hjellestad Quay)로 이동한다. 그리곤 배편으로 브와로이 양어장(Buaroy Fish Farm)에 가 첨단 양어 기술을 시찰하자는 것이었다.

노르웨이는 해양 어류 양식, 특히 연어 양식 분야에서 세계 최고의 수준을 자랑한다. 노르웨이는 바닷가 연안에 커다란 원형 그물을 쳐 놓고 일종의 가두리 양식 방법으로 연어를 기르고 있다. 이 같은 양식장은 특히 수려한 경관을 자랑하는 베르겐 앞바다에 몰려 있다. 세계적인 명성을 얻고 있는 노르웨이산 연어들은 이런 방식으로 매년 1, 2백만톤 이상 생산돼 이 중 95%가 해외로 수출된다. 노르웨이 정부가 문재인 대통령 부부를 배에 태워 아름다운 베르겐 앞바다의 경관과 함께 자랑스럽게 보여주려 했던 것이 바로 이런 연어 양식장이었던 것이다.

이어지는 일정은 전 세계적인 명성을 얻고 있는 노르웨이 해양 연구소(IMR: Institute of Marine Research) 방문이었다. IMR은 1,100여 명의 직원이 근무하는 유럽 내 최대 해양연구소 중 하나다. 주요 활동은 해양 관련 연구 및 자문, 그리고 각종 현상을 모니터링하는 것

부두에 정박해 있는 노르웨이 해양연구소(IMR) 소속 연구선
(사진＝Giuseppe Milo)

이다. 이 연구소는 특히 해양 생태계와 자원을 연구함으로써 바다
에서 식탁에 이르는 먹이사슬 전체에 대한 지속가능한 관리 문제
에 전문성을 자랑한다. IMR 본부는 베르겐에 위치하고 있으며 트롬
쇠(Tromsø)에 별도의 사무소를, 그리고 마트레(Matre), 에우스테볼
(Austevoll) 및 플뢰데비겐(Flødevigen)에 연구 기지를 갖고 있다. 문 대
통령 부부가 방문하게 돼 있는 곳이 바로 에우스테볼 연구기지였다.
이 연구기지는 $4500m^2$에 달하는 실내 연구시설에다 광활한 실외 시

당초 문 대통령 부부가 오찬을 하도록 계획돼 있던 베크샤르빅 영빈관 전경
(사진＝Fabricio Cardenas)

설까지 구비하고 있다. 배를 타고 이동하게 돼 있었기에 연구소 관
련 설명회도 선상에서 이뤄지도록 예정돼 있었다.

　노르웨이가 자랑하는 두 곳의 시찰을 마치면 문재인 대통령 부부
는 오후 2시 30분쯤 베크샤르빅 영빈관(Bekkjarvik Gjestgiveri)에서 이
지역을 관할하는 에우스테볼 시장과 늦은 오찬을 갖게 돼 있었다.
영빈관은 17세기 말 뱃길로 반나절 걸리는 모든 곳에 고급 숙박시설
을 마련하라는 크리스티앙 5세의 왕명에 따라 건축된 유서 깊은 건

물이다. 해안가에 세워진 하얀색의 이 건물은 현재 고급 호텔로 쓰이고 있다. 이곳에서 문 대통령 내외는 이 지역 에우스테볼시 시장 주최 오찬을 갖도록 계획돼 있었다.

그리고는 한국의 대우조선이 만든 2만6000톤급 군수지원함 '모우호'에 오르기 위해 호콘스베른(Haakonsvern)에 자리 잡은 해군 기지를 방문하는 게 이날의 마지막 일정이었다. 승선 행사까지 마치면 문 대통령 부부는 베르겐 공항으로 돌아와 오후 6시 50분쯤 전용기를 타고 다음 목적지인 스톡홀름으로 떠나게 돼 있었다. 정리하자면 ① 브와로이 양어장 시찰 ② 에우스테볼 해양연구소 연구기지 방문 ③ 베크샤르빅 영빈관에서의 오찬 ④ 모우호 탑승이 노르웨이 정부에서 권한 일정이었던 것이다. 이런 스케줄대로 움직였다면 노르웨이가 자랑하는 첨단 해양산업을 시찰하는, 의미 있는 출장이 됐을 것이다.

아울러 문 대통령의 경우와 관련해 주목해야 할 또 다른 점은 노르웨이 측은 당초 베르겐 공항만 이용할 뿐, 유명관광지로 꼽히는 베르겐 시내에는 아예 들르지도 않는 일정을 제안했었다는 사실이다. 양어장과 해양연구소 연구기지 및 오찬장인 베크샤르빅 영빈관, 그리고 모우호가 정박해 있던 노르웨이 해군기지 모두 베르겐 시내의 남쪽에 위치하고 있다.

유네스코 문화유산으로 지정된 베르겐 내 브뤼겐 구시가의 아름다운 전경
(사진＝999Vic999)

　　그러나 최종적으로 결정된 노르웨이 방문 이틀째의 일정은 완전히 달랐다. 문 대통령 부부의 일정은 ① 모우호 탑승 ② 베르겐 내 유네스코 문화유산인 브뤼겐(Bryggen) 구시가 바로 옆 베르겐후스 요새(Bergenhus Fortress)에서의 오찬 ③ 그리그의 집 관광 및 음악회 참석으로 바뀌었다.

　　브뤼겐은 13~16세기 사이에 지어진 형형색색의 목조건물이 즐비하게 늘어선 소박하면서도 옛 아름다움을 간직하고 있는 곳이다. 지금은 관광지로 변했지만, 이 구도시는 과거 북유럽 국가들이 상업적 이익을 위해 결성한 한자동맹의 중심지였다. 한자동맹이란 13~17세기 독일 북부 및 발트해 연안 도시들 사이에 이뤄진 무역 연맹으로 해상 교통의 안전과 상권 보장 등을 위해 만들어졌다. 이런 배경으로 브뤼겐 부두에는 독일인이 지은 상관(商館)이 여전히 남아있는데 여기에서 무역을 했다고 한다. 일종의 보세구역이었던 셈이다. 브뤼겐 구시가지는 이 같은 역사적 배경에다 수수한 아름다움을 간직한 옛 건축물들 덕에 1979년 유네스코 세계문화유산으로 지정됐다. 문 대통령이 오찬을 한 베르겐후스 요새가 바로 이 브뤼겐 구시가 끝에 있다. 이 요새는 13세기에 당시 왕이던 호콘4세의 지시로 베르겐 방어를 위해 지어진 뒤 계속 증축됐다. 노르웨이에서는 성당 등 종교시설을 빼고는 가장 오래된 건축물로 꼽힌다. 특히 베르겐후스 요새의 중심에 자리 잡은 호콘홀은 왕실의 의식을 거행하는 연회장으로 건축됐다. 문 대통령 부부가 베르겐 시장과 함께 점심을 한 곳이 바로 여기다.

　오찬을 마친 문 대통령 내외는 곧바로 그리그의 집을 찾았다. 그리그의 집은 언덕 위에 자리 잡고 있어 그림 같은 노르웨이 바다가 한눈에 보인다. 그가 살았던 아담한 2층 집은 이제 콘서트홀로 변했다. 그 옆에 현대식으로 지은 그리그 박물관이 세워져 있다. 노르웨이 정부는 문 대통령 부부를 위해 그리그의 집에서 음악회를 열어줬다.

한눈에 봐도 모우호 탑승만 빼면 베르겐과 그리그의 집 관광이란 확신을 준다. 만약 문 대통령 일행이 그리그의 집과 베르겐 구시가 방문 대신 노르웨이 정부의 제안처럼 양식장과 해양연구소에 가고 모우호 승선행사를 마쳤다면 조선·해양, 에너지, 과학기술, 북극 협력이란 방문 목적에 손색이 없었다. 그랬다면 문 대통령 부부의 베르겐 방문을 비판하는 칼럼도 나오지 않았을 것이다.

노르웨이 정부는 첨단 해양산업의 현장을 보여주는 일정을 제안했지만 결국 관광 위주의 스케줄로 변했다. 도대체 무슨 이유에서인가? 청와대는 문 대통령 내외의 베르겐 방문과 관련, 이렇게 해명한 바 있다.

> 노르웨이 베르겐 방문일정은 모두 노르웨이의 요청에 따라 결정된 것입니다. (중략) 중앙일보는 '그리그의 집' 방문을 '양국관계 증진'이 아닌 '풍광 좋은 곳에서의 음악회 참석'으로 폄훼합니다. 그리그의 집 방문 또한 노르웨이 측이 일정에 반드시 포함해 줄 것을 간곡히 권고하여 이루어진 외교일정입니다.

앞에서 봤듯, 문 대통령 부부가 실제로 방문했던 곳은 모우호 승선을 위한 해군 기지를 빼고는 노르웨이 측이 요청했던 장소와는 달랐다. "베르겐 방문 일정이 모두 노르웨이 요청에 따라 결정됐다"는 청와대 주장은 거짓일 가능성이 큰 것이다. 특히 그리그의 집 방문을 노르웨이 측에서 간곡히 권고했다면 어떻게 일정 초안에서 빠질 수 있다는 말인가?

이런 일정상의 변화는 문 대통령 부부 또는 이들의 성향을 잘 아는 측근이나 고위관계자가 지시해 이뤄졌을 가능성이 크다. 김 여사는 경희대에서 성악을 전공한 음악도였다. 이 때문에 성악도라면 우리나라에서도 유명한 '솔베이지의 노래'의 작곡가 그리그 기념관을 가보고 싶었을 공산이 크고 이로 인해 일정이 변화한 게 아닌가 하는 합리적 의심을 하게 되는 것이다.

이 뿐만이 아니었다. 북유럽 순방에 나서면서 문 대통령은 대규모 경제사절단을 이끌고 갔다. 배달주문 앱 '배달의민족'과 숙박전문 앱 '야놀자' 등 100여개의 스타트업 및 벤처투자사 대표 등이 문 대통령을 수행했다. 이런 사실을 알았는지 노르웨이 정부는 당초 방문 첫날 한-노르웨이 간 비즈니스 포럼을 제안했었다. 그러나 이 역시 무슨 영문인지 K-pop 공연 관람으로 바뀌었다.

대통령 비서실, 왜 나서나?

언론중재위에서 조정이 이뤄지지 않자 규정에 따라 사건은 자동으로 법원에 넘어가고 만다. 재판부는 서울중앙지방법원 제14민사부로 언론 전담부다. 언론중재위에서의 다툼이 죽도로 하는 연습게임이라면 법원에서의 법정 싸움은 진검 승부다. 양측 모두 승소하기 위해 필요한 증거를 모으고 논리를 개발하는 데 혈안이 된다. 이번 청와대와의 싸움에서 얻은 교훈이라면 승소하기 위해서는 유능한 변호사가 절대적으로 필요하다는 사실이었다. 큰 병을 앓고 나면 왜 명의가 필요한지 절실하게 깨닫게 되듯 말이다. 그런 면에서 나를 도와준 사내 법무팀 윤국정 변호사는 유능하면서도 겸손한, 훌륭한 법조인이었다.

윤 변호사는 내가 제공하는 조각조각의 사실관계를 모아 법률적 논거를 개발했다. 이를 바탕으로 거대한 로펌 소속 변호사들과 맞서 싸워 1심에서 승리를 거뒀다. 그가 준 결정적인 도움은 소송을 제기한 청와대 비서실엔 제소할 자격이 없다는 점을 역설해 재판부로 하여금 이를 받아들이도록 한 것이었다. 나로서는 결코 착안할 수 없었던, 법률가다운 결정타였다.

윤 변호사의 논점은 크게 두 가지였다. 우선 칼럼에서 '청와대'라고 나와 있지만 이것이 곧바로 대통령 비서실을 의미하지는 않는다는 것이었다. 대통령의 해외 순방을 담당하는 청와대 내 주무부서는 대통령 비서실이 아닌, 국가안보실 내 외교정책비서관실이라고 윤 변호사는 지적했다. 또 설사 칼럼 내 청와대가 대통령 비서실이라 하더라도 문제의 칼럼으로 인해 구체적으로 어떤 피해를 보았는지 입증해야 한다고 덧붙였다. 이 칼럼은 명백히 김정숙 여사를 비판하는 것이지 전체적 맥락으로 보아 대통령 비서실과 관련된 것으로 볼 수는 없다는 얘기였다. 따라서 이 사건과 연관성이 없는 대통령 비서실에는 원고로서의 적격성을 인정할 수 없으며 원고의 주장을 살펴볼 것도 없다고 윤 변호사는 주장했다.

이 같은 대통령 비서실의 행태와 관련해 주목해야 할 사회적 현상이 있다. 바로 '전략적 봉쇄소송'(SLAPP: Strategic lawsuit against public participation)이다. '입막음 소송'이라고도 불리는 이것은 특정 사안에 대한 언론, 노조, 또는 시민단체 등의 비판을 위축시키기 위해 제소하는 행태를 말한다. 전략적 봉쇄소송을 제기하는 측은 재판에서 이기는 것을 목적으로 삼지 않는다. 승소 대신 상대방에게 법적 대응과 관련한 막대한 비용을 지불하게 하고, 두려움과 정신적 스트레스를 가함으로써 자신에 대한 비판을 중단하게 하는 게 최종적인 목표다. 물론 전략적 봉쇄소송이 흔하게 되면 언론이나 시민단체의 건

강한 감시 기능이 크게 약화할 수밖에 없다. 천문학적인 자본으로 무장한 대기업, 또는 예산의 지원을 받을 수 있는 정부 기관 등이 언론에 자갈을 물리기 위해 소송을 내면 재정적 능력에 한계가 있는 언론사로서는 감당하기 벅찰 수밖에 없는 게 현실이다. 이런 사회적 최강자가 언론사 또는 시민감시단체 등을 상대로 전략적 봉쇄소송을 남발하게 되면 이들 기관의 건강한 비판 기능이 위축될 수밖에 없는 것이다. 이 때문에 미국 등 세계 각국에서는 전략적 봉쇄소송을 통제하기 위한 법적 장치를 이미 마련해 놓았거나 이를 도입하기 위해 노력 중이다. 한국 역시 전략적 봉쇄소송 방지를 위한 법안들이 제출돼 현재 검토 중에 있다고 한다.

어쨌거나 뒤에 서술하겠지만 이번 칼럼 논란과 관련, 대통령 비서실에는 소송을 낼 자격이 없다는 우리 측 주장이 받아들여진 것은 물론이고 재판부는 한 발짝 더 나아갔다. 그리하여 비서실과 같은 보좌기구가 이 조직을 부리는 권력자를 위해 마구잡이로 대신 소송할 수 있게 허용하면 문제의 인물은 뒤로 숨은 채 언론을 탄압할 위험이 있다고까지 판시한다. 언론 자유와 함께 권력자의 횡포를 막는, 뜻깊은 판결이 아닐 수 없었다.

송네피오르의 심장부 베르겐

법정 공방은 칼럼의 본질과는 동떨어진 사안을 둘러싸고도 치열하게 펼쳐졌다. 대표적인 사례가 '베르겐은 송네피오르의 심장부다'라고 쓴 부분과 관련된 공방이었다. 청와대 측은 구글 지도로 검색할 경우 나오는 베르겐-송네피오르 간 거리를 제시하며 200km 넘게 떨어진 곳을 관광하러 간 것처럼 묘사했다고 공격했다. 이에 대해 우리는 이를 반박할 수 있는 증거를 최대한 찾아내 조목조목 반박했다. 우선 베르겐은 '피오르의 심장부'라고 불리는 곳이라는 점을 부각시켰다. 베르겐이 이렇게 불린다는 사실은 노르웨이 관광 관련 사이트들을 찾아보면 쉽게 알 수 있다. 송네피오르는 청와대 측 주장과는 달리 베르겐에서 그렇게 멀리 떨어져 있지 않다. 송네피오르는 길이가 약 200km 이상에 달하는 해안선이다. 이 때문에 송네피오르의 입구는 베르겐에서 배로도 1시간 30분 정도면 갈 수 있으며 거리는 80km가 채 안 되는 곳에서 시작한다. 사실 나는 베르겐이 송네피오르로 가기 위한 관문이라는 의미에서 심장부라는 표현을 썼다.

심장부란 지리적으로 반드시 해당 지역의 중심부에 있어야 하는 것은 아니다. 심장부란 "중심이 되는 가장 중요한 부분을 비유적으

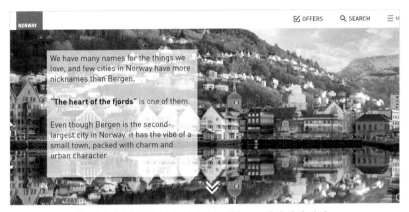

베르겐을 '피오르의 심장부'라고 표현한 노르웨이 관광 사이트

로 이르는 말"이라고 사전에 나와 있다. 예컨대 미국의 심장부가 어디인가. 바로 뉴욕이나 워싱턴이라고 할 것이다. 이 두 도시는 미국 대륙의 가운데가 아닌 동부에 위치하고 있다. 또 전라남도 구례는 '지리산의 중심'이라고 불린다. 하지만 구례는 행정구역상 지리산 국립공원에 속하지도 않는다. 구례에서 지리산 입구인 의신계곡, 달궁계곡까지는 차로 가도 40~50분이 걸린다. 약 30*km* 안팎이다. 그런데도 구례는 지리산으로 들어가는 입구의 역할을 하기에 지리산의 중심으로 불리는 것이다.

미군의 태평양 지역 안보의 심장부가 어디인지 묻는다면 이는 인도-태평양사령부일 것이다. 이 기구의 위치는 다름 아닌 하와이로 미 영토이다 보니 아시아가 아닌 북미다. 이렇듯 심장부가 반드시 관련 지역 내에 위치하지 않아도 무방하다는 얘기다.

베르겐 역시 송네피오르를 찾는 관문이자 교통의 요지다. 송네피오르를 보는 방법은 크루즈, 열차, 그리고 도로를 이용하는 방법이 있는데 이 모두 베르겐을 출발점, 또는 도착점으로 한다. 그런 면에서 베르겐은 송네피오르에 있어서 핵심적인 도시다. 그런 의미에서 나는 베르겐을 '송네피오르의 심장부'라고 썼다. 기사는 소설보다는 훨씬 정확하게 써야겠지만 학술적 논문이나 판결문에 비해서는 좀 더 문학적이고 상징적인 표현을 쓰기도 하는 게 사실이다.

해군 기지는 갔지만, 피오르는 못 봤다?

청와대 측은 "모우호에 올라 피오르의 비경을 접할 거다"라는 부분도 문제 삼았다. 처음에는 노르웨이 해군 기지는 피오르와 관련 없는 지역이라고 주장했다. 이에 대해 우리 측은 승선 행사가 이뤄진 노르웨이 해군 기지 일대 역시 그림스타피오르(Grimstadfjord)'라고 반박했다. 실제로 Navaltoday.com이란 웹사이트에 실린 사진을 보면 이곳은 베르겐 근처의 호콘스베른이라는 도시로 기지 앞은 하얀색 노르웨이식 전통가옥이 세워져 있는 아름다운 해안가다. 문재인 대통령 부부가 노르웨이 군수지원함에 올라 배 밖을 보는 모습은 청와대 사진으로도 확인할 수 있었다. 이뿐만 아니다. 문 대통령 내외는 해군 기지에 가기 위해 배를 타고 목적지로 이동한 거로 돼 있다. 따라서 이들 내외는 해군 기지로 수십 분간 항해하면서 수려한 눈덮인 산과 피오르식 해안을 감상했을 게 틀림없었다. 청와대 측은 문 대통령 부부가 간 곳은 해군 기지로 여기에서는 군 시설만 보인다고 주장했다. 하지만 그렇다고 이들이 아름다운 경관을 즐기지 않았다고 할 수는 없다. 이는 마치 금강산 중턱에 있는 군부대를 차를 타고 방문했는데 부대 내에는 연병장과 막사밖에 없으니 아름다운 경관을 즐긴 적이 없다고 말하는 것과 다를 바 없는 일인 까닭이다.

문 대통령 부부가 방문한 유리창 거리
(사진＝Alex Yang)

재판이 진행되면서 청와대와의 공방은 뜨겁게 달궈졌다. 청와대 측은 이 칼럼이 "문 대통령 내외와 청와대 비서실에 대한 흠집 내기에 목적이 있을 뿐 구체적인 사실 확인을 하지 않았다"고 공격해 들어왔다. 그러면서 문제의 글이 "초청을 하고 방문지를 요청한 외국 정부까지 비난하는 것이어서 국익에 큰 해가 된다"고까지 했다. 어쨌든 전반적인 분위기가 자신들에게 불리하게 돌아간다고 느꼈기 때문인지, 청와대 측은 어이없는 사안을 가지고 물고 늘어지기도 했다. 칼럼 작성 전, 인도 대사관 직원과의 통화를 통해 "한국 측에서 김정숙 여사를 대표단 대표로 보내겠다고 통보해와 놀랐다"는 이야기를 들었다는 사실 자체가 거짓말이라고 우겼다. 인도 고위급 대표단 선정은 한국 외교부와 주인도 한국대사관, 그리고 인도 외무부와 우타르 프라데시 주 정부 간 협의에 의해 결정된 것이어서 주한 인도대사관 직원이 알 수가 없다는 논리였다. 그러나 한국 정부가 영부인을 대표단 대표로 보내겠다고 인도 측에 통보했

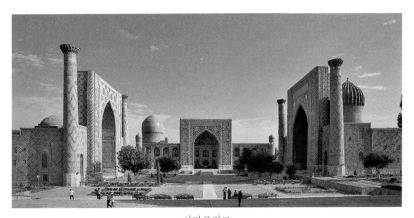
사마르칸트
(사진＝Gustavo Jeronimo)

다는 건 비교적 간단한 사실이다. 한국 외교부와 영부인 인도 방문 건을 협의해야 할 인도대사관으로서는 충분히 알 수 있는 사안이다. 한국 청와대나 외교부, 또는 인도 외교부가 얼마든지 상의해 오거나 통보해 줄 수 있다. 또 디왈리 축제에 외국 고위 인사가 참석한 적은 처음이라고 인도 현지 신문이 보도하기도 했었다. 외국 정상을 초청한다고 꼭 참석하란 법은 없다. 도대체 무슨 근거로 인도대사관 직원이 "한국 영부인이 허왕후 공원 기공식 및 디왈리 축제 참석한다고 해서 놀랐다"고 한 게 명백한 허위라고 주장하는지 알 수 없는 일이었다.

　법정 공방은 또 다른 중요한 문제를 놓고서도 벌어졌다. 문 대통령 내외가 전임자들에 비해 과연 해외여행을 자주 했으며 이 과정에

웅장한 규모로 유명한 아부다비의 그랜드 모스크
(사진＝traveljunction)

서 유난히 관광지를 많이 찾았는지에 대한 논란이었다. 청와대 측은
물론 관광지 방문이 특별히 많지 않았다고 주장했다. 문 대통령의
해외방문은 총 21번으로 이 기간 중 가 본 관광지는 6곳에 불과한 반
면 박근혜 대통령은 총 25번의 해외방문을 통해 16곳의 관광지를 찾
았다는 것이다. 하지만 이는 명백한 허위 사실이었다. 문 대통령이
찾은 관광지는 이보다 훨씬 많았다. 청와대 측 변호인들이 재판부에
낸 자료에는 ▲중국 유리창 거리, ▲러시아 구세주 성당, ▲체코 프
라하성, ▲캄보디아 앙코르와트, ▲우즈베키스탄 사마르칸트, ▲노

진귀한 새와 식물이 많은 싱가포르 보태닉 가든
(사진＝Velela)

르웨이 그리그의 집 등 6곳만이 열거됐다. 하지만 이들이 찾은 관광

지는 이 뒤에 나오는 것처럼 훨씬 많았다.

> ① 블라디보스토크 극동 거리 (2017. 9)
>
> ② 충칭 임시정부 청사 (2017. 12)
>
> ③ 아부다비 그랜드 모스크 (2018. 3)
>
> ④ 하노이 호치민 주석 묘소 (2018. 3)
>
> ⑤ 뉴델리 악샤르담 사원 (2018. 7)

⑥ 싱가포르 보태닉 가든 (2018. 7)

⑦ 아르헨티나 국립역사기념공원 (2018. 11)

⑧ 브루나이 로얄 레갈리아 박물관 (2019. 3)

⑨ 쿠알라룸푸르 원우타마 센터

⑩ 베르겐 베르겐후스 요새 (2019. 6)

이 같은 내용은 인터넷을 검색해서 알아낸 것이다. 만약 외교부에 정식으로 요청해 문 대통령 부부의 정확한 해외순방 일정을 알게 된다면 구경하러 갔던 관광지의 숫자가 늘어날 가능성도 작지 않았다. 숫자뿐만 아니라 때로는 방문의 성격이 다른 경우도 있었다. 예컨대 프라하의 경우 문재인 대통령 부부는 관광을 위해 문화유적지인 프라하성에 가서 반나절을 지냈던 반면, 박 대통령은 정상회담을 위해 간 것이었다. 노르웨이도 이명박 대통령 역시 방문했지만, 그는 오슬로에서만 체류하고 관광지를 방문한 적이 없었다. 이에 비해 문 대통령 부부는 유네스코 문화유산인 베르겐의 구도시 지역과 함께 그리그의 집을 관광했다. 얼마나 대조적인 행적인가?

그뿐만 아니라 칼럼에서도 다뤄졌듯이 김정숙 여사 혼자서 간 관광지도 적지 않다. 인터넷 검색 결과, 노르웨이 방문 이전에 이뤄졌

동서양 문화가 조화를 이룬 베트남의 옛 무역항 호이안 고도시
(사진＝Steffen Schmitz)

던 김 여사의 단독 관광지 방문은 다음과 같았다.

① 베를린 윤이상 묘소 (2017. 7)

② 베트남 땀타잉 벽화마을 (2017. 11)

③ 베트남 다낭 호이안 고도시 (2017. 11)

④ 마닐라 성 어거스틴 성당 (2017. 11)

⑤ 베이징 신제커우 악기 거리 (2017. 12)

⑥ 베이징 한메이린 예술관 (2017. 12)

⑦ 하노이 민족학박물관 (2018. 3)

⑧ 모스크바 차이코프스키 음악원 (2018. 6)

⑨ 인도 후마윤 묘지 (2018. 7)

⑩ 파리 루브르 박물관 (2018. 10)

⑪ 벨기에 왕립미술관 (2018. 10)

⑫ 싱가포르 국립박물관 (2018. 11)

⑬ 헬싱키 디자인박물관 (2019. 6)

요컨대, 총 21번의 해외방문 중 16곳의 관광지를 찾은 문재인 대통령이 총 49번 중 7곳을 찾은 이명박 대통령은 물론, 총 25번 중 16곳을 방문한 박근혜 대통령보다도 빈도 면에서 볼 때 더 많다는 얘기다. 더 중요한 사실은 이 같은 숫자가 시간을 고려에 넣지 않았을 때라는 점이다. 재판이 진행 중이던 2020년 기준으로 이명박 대통령은 60개월간의 임기 동안 관광지 7곳을, 박근혜 대통령은 48개월 중 16곳, 문재인 대통령은 25개월간 16곳을 찾았다. 이를 1년으로 환산하면 임기 중 일 년 평균 이 대통령은 관광지 1.4곳을, 박 대통령은 4곳을 찾은 셈이다. 반면 문재인 대통령은 한 해 평균 7.7곳의 관광지를 방문했다. 이런데도 청와대 측은 "문 대통령의 해외순방 일정은 박근혜, 이명박 대통령과 큰 차이가 없고, 특히 관광지 방문이 많지도 않았다"고 주장했다. 또 다른 중요한 대목은 이러한 관광지 방문은 문 대통령 내외가 함께 간 곳만 따진 것이다. 해외순방 중 김 여사가 단독으로, 혹은 국제회의의 배우자 프로그램에 참가해 관광지를 찾은 경우는 무척 많아 보였다. 김 여사가 혼자 갔던 관광지까지 친다면 국민은 문 대통령 내외가 전임자들보다 자주 관광지를 찾는다는 느낌이 들 수밖에 없는 것이다.

이렇듯 조금만 찾아보면 쉽게 밝혀질 객관적인 사실마저 왜곡되는 법정의 현장을 보니 착잡한 심정이 몰려왔다. 법원에서 거짓 증거가 난무한다더니, 정말이구나 하는 절망감이었다. 정말로 모르고 잘못된 증거를 냈다면 모르겠으나 의도적이거나 최소한의 성의도 없이 찾아낸 자료를 증거라고 들이미는 행태는 어떤 방식으로든 규제돼야 한다는 확신이 들었다.

1심 재판에서 완승하다

2020년 7월 15일 마침내 기다리던 선고가 내려졌다. 굳이 법정에 갈 필요가 없다고 윤 변호사는 이야기했지만, 칼럼을 쓴 당사자로서 누구보다 먼저 결과를 알고 싶었다. 조금 일찍 도착해 들어가 보니 법정은 늘 그렇듯 무거운 분위기 속에 차분하게 가라앉아 있었다. 선고 시간이 됐다. 재판부가 입장한 뒤 곧바로 부장판사는 나지막한 목소리로 주문 내용을 읽어 내렸다. 이길 거라고 기대는 했지만, 혹시 하는 마음에 조마조마하던 중 순서가 됐다. 선고는 허무하게 짧았다. "원고의 청구를 기각한다". 이겼다! 칼럼이 나간 지 13개월 만에 1심에서 승리한 것이다.

청와대 측 정정 요구가 부당하다면서 우리가 제시한 논점은 크게 세 가지였다. 첫째, 청와대엔 소송을 제기할 자격이 없다는 점, 둘째, 칼럼의 의견 표명은 문제 삼을 수 없다는 점, 그리고 끝으로 사실관계에도 틀린 게 없다는 거였다.

나중에 판결문 전체를 받아보니 우리의 주장 모두를 재판부가 받아들인 것으로 나타났다. 3-0으로 완승을 거둔 셈이었다. 판결의 세 항목별 주요 내용은 다음과 같았다.

1. 원고의 적격성 여부

문제의 칼럼에서는 청와대가 아닌 문재인 대통령 부부를 직접 대상으로 삼고 있음이 명백하고 청와대가 대통령을 직접 보좌하는 역할을 수행하는 행정기관임을 고려해도 그러한 사정만으로 청와대가 이 사건 보도와 개별적 연관성을 가진다고 볼 수 없다.

특히 보도 대상자들의 업무를 보좌한다는 이유만으로 보도에서 직접 다뤄지지 않은 조직이나 개인까지 피해를 보는 자로 넓게 인정한다면 힘 있고 돈 있는 집단을 이끄는 사람들은 전면에 나서지 않고도 그들에게 비판적이라고 생각하는 언론기관이나 언론인을 상대로 각종 법률적 다툼을 벌임으로써 언론의 자유나 표현의 자유를 부당하게 위축시킬 수 있을 것이다.

2. 정정보도 대상 여부

칼럼의 주된 내용은 문 대통령 부부가 피오르의 풍광으로 유명한 노르웨이의 베르겐을 방문하고 김정숙 여사가 인도를 방문하여 타지마할을 관람하는 등 전임 대통령 부부들에 비해 해외 순방이 잦고 관광지를 많이 찾는 경향이 있는데, 대통령 부부가 해외 유람을 한다는 오해가 없도록 신중을 기해야 한다고 보도했다. 이 중 해외 순방과 관광지 방문의 빈도가 '잦다'고 표현한 부분이나 해외 순방에 신중을 기할 필요가 있다는 내용은 단순한 의견 또는 논평을 표명한 것에 불과하므로 정정보도의 대상이 될 수 없다.

3. 사실 보도의 진실성 여부

대통령 부부가 베르겐을 방문하고 김 여사가 인도를 방문하여 타지마할을 관람한 것에 어떠한 허위내용이 게재되어 있다고 볼 수 없는 점, 피오르와 타지마할이 유명한 관광지라고 하더라도 대통령 부부의 해외 순방 목적이 관광임을 암시하였다고 단정할 수는 없는 점, 기사를 작성한 남정호는 보도에 앞서 인도 대사관에 김 여사의 인도 방문 경위에 관하여 질의하였고, 그 회신 내용이 청와대의 발표 내용과 다르다는 객관적인 사실을 전달한 것으로 보이는 점 등을 종합해 보면, 피고가 진실되지 않은 사실적 주장을 하였다고 보기 어렵다.

허탈했다. 칼럼이 실린 뒤 1년 넘게 이어진 청와대와의 전쟁에서 일단 가장 중요한 전투에서 이겼지만 실상 눈에 보이지도, 잡히지도 않는 '승리'는 상징성 외에는 달라지는 게 하나 없던 탓이었다. 하지만 나는 안다. 언론사가 청와대에 굴하지 않고 법정 싸움에서 이겼다는 것 자체의 상징적 중요성을.

　과거에도 청와대가 언론사를 상대로 소송을 냈던 경우는 없지 않았다. 청와대가 소송을 낸 것은 노무현 정권 때가 가장 많았다. 그러나 그 이후에는 거의 없었기에 **KBS·SBS·YTN·연합뉴스 등 주요 언론은 중앙일보가 청와대와의 재판에 이겼다는 사실을 비중 있게 보도했다.** 내가 쓴 칼럼에는 문제가 없다는 게 공식적으로 증명된 것 같은 기분에 더 없이 기뻤다.

　다만 대부분의 기사는 청와대의 패소 이유로 "대통령 비서실은 소송을 제기할 주체가 될 수 없다"는 점과 "의견 표명은 정정보도의 대상이 될 수 없다"는 점을 들었다. 하지만 나의 입장에서 가장 중요한 점은 여러 가지 사안을 종합해 볼 때 "피고(중앙일보)가 진실되지 않은 사실적 주장을 하였다고 보기 어렵다"고 밝힌 부분이다. 기사 내용에 틀린 부분은 없다는 얘기다. **이렇게 중요한 부분을 주요 언론사들이 쓰지 않은 이유를 나는 아직도 모르겠다. 청와대에는 소를 제기할 자격이 없으며 의견 표명은 정정보도 대상이 아니라는 두 가지 판결 이유만 강조함으로써 기사의 신뢰성에 대한 의문은 계속 남겨두려는 게 아닌가 하는 음모론적 의심마저 들게 한다.**

어쨌거나 1심에서 승소함으로써 우리 쪽 분위기는 낙관적으로 흘러갔다. 특히 재판부가 대통령 비서실이 나설 일이 아니라는 취지의 판결을 내렸다는 사실이 우리를 고무시켰다. 일반적으로 특별한 이유가 없는 한 항소심에서도 1심 판결이 유지될 가능성이 높기 마련이다. 현 상황이라면 대법원에 가도 별문제 없을 거라는 게 회사 법무팀의 의견이었다. 그랬기에 청와대에서 쉽게 항소하지 못할 거라는 전망이 설득력 있게 제기됐었다. 이번 재판은 대통령 비서실이 원고로 나섰기에 변호사비 등 관련 비용 모두가 청와대 예산으로 충당됐을 게 분명했다. 이런 터라 문 대통령 부부를 대신해 제소하는 건 잘못됐다는 선고가 났는데도 또다시 대통령 비서실이 항소하고 계속 변호사비를 댈 경우 나중에 말썽 날 소지가 다분해 보였던 것이다. 그런데도 대통령 비서실은 결국 이 사건을 서울고등법원에 항소한다.

청와대가 1심에서 지고도 항소한다는 사실이 알려지자 해도 너무한다는 반응이 여기저기서 나왔다. 야당 측에선 공식 논평까지 나왔다. 김은혜 미래통합당 대변인은 2020년 7월 26일 논평을 통해 "여기서 끝이면 좋았을 것"이라며 "유람 같은 순방이었다고 해석되면 앞으로 그런 빌미를 주지 않으면 될 일이지, 비판 언론 재갈 물리는 방식으로 해결할 일이 아니다"라고 꼬집었다.

청와대의 항소로 2심 재판이 시작될 무렵, 생각지도 않은 일이 일어난다.
세계적 권위지로 인정받는 영국의 이코노미스트가 내가 쓴 칼럼에 대한
청와대의 소 제기를 비롯,
문 정부의 언론 탄압을 비판하는 글을 게재한 것이다.

V

새 사실 드러난 항소심, 그리고 결말

"비판 수용 못 하는 문 정부"

청와대의 항소로 2심 재판이 시작될 무렵, 생각지도 않은 일이 일어난다. 세계적 권위지로 인정받는 영국의 이코노미스트가 내가 쓴 칼럼에 대한 청와대의 소 제기를 비롯, 문 정부의 언론 탄압을 비판하는 글을 게재한 것이다. 1심에서 승소했지만 청와대의 불복으로 계속 싸워야 할 처지에선 참으로 천군만마 같은 도움이 아닐 수 없었다.

이코노미스트는 "남에 대한 비판은 잘하면서 남의 비판은 못 참는다"는 뼈아픈 평가를 글의 맨 앞에 실으면서 문 정권의 언론 탄압 실상을 조목조목 짚었다. 이 잡지는 일제 강점기와 군사 독재 시절을 겪은 한국이 지난 2017년엔 대통령 탄핵까지 경험했다고 소개했다. 그런 뒤 "(탄핵당한) 박근혜 전 대통령의 후임자인 진보 진영 인권

문재인 정권의 언론 탄압을 비판한 2020년 8월 이코노미스트 기사

변호사 출신의 문 대통령은 보다 평등하고 개방적이며 이견에 관대
하겠다고 약속했지만 이런 좋은 의도가 시들고 있다"고 비판했다.
이어 이코노미스트는 "정부에 반대 의견을 낸 이들에게 무관심하거
나 건설적 토론을 벌이지는 않고 소송으로 대응한다"며 "지난해 언
론 상대 소송의 5분의 1이 고위 공직자와 관련돼 있으며 박근혜 정
부 때보다 많다"고 전했다. 이 같은 주장을 뒷받침하기 위해 이 잡
지는 몇몇 사례를 소개했는데 여기에 나의 칼럼이 가장 먼저 언급됐

다. 이코노미스트는 "지난달 청와대가 한 보수 신문 칼럼에서 문 대통령 부인(김정숙 여사)의 명예훼손을 했다며 소송을 했지만, 패소에 불복해 항소했다"며 중앙일보와의 소송전을 언급했다.

　이코노미스트의 공격을 받은 건 문 정부뿐만이 아니었다. 이 잡지는 "입법부(국회)에도 문제가 있다"며 "더불어민주당 의원들은 정부에게 언론사를 상대로 '가짜뉴스' 시정명령 권한을 부여하는 법을 발의했다"고 했다. 이코노미스트의 기사는 이 잡지 특유의 해학으로 끝을 맺는다. "한국 정치인들은 옛말을 인용하는 걸 좋아한다"며 "문 정부도 세종대왕의 말을 잘 생각해보면 좋을 것"이라고 충고했다. 여기서 인용한 1425년 세종대왕의 말은 이랬다.

> "나는 고결하지도, 통치에 능숙하지도 않소. 하늘의 뜻에 어긋날 때도 있을 것이오. 그러니 내 결점을 열심히 찾아보고, 내가 그 질책에 답하게 하시오."

　2018년 9월 미 폭스뉴스와의 인터뷰에서 문 대통령 본인이 "한국 역사상 지금처럼 언론의 자유가 구가 되는 시기는 없었다고 생각한다"고 자부했던 터라 이코노미스트의 기사는 참으로 뼈아픈 비판이 아닐 수 없었을 것이다.

청와대 측은 1심에서 패소했음에도 물러설 줄을 몰랐다. 항소 이유서를 통해 대통령 비서실은 우선 칼럼에서 지명된 당사자로 대통령 부부의 해외순방 일정과 관련해 잘못된 업무 수행을 했다는 비판을 받았기에 소송을 낼 자격이 있다고 주장했다. 1심 재판부가 대통령 비서실에는 원고의 자격이 없다고 판결한 데 대한 반박이었다. 다음으로 문제의 칼럼은 "대통령이 송네피오르를 방문하여 피오르의 비경을 관광할 것"이라는 허위의 사실을 보도했으며 이밖에 김 여사의 방문이 인도 총리가 아닌 한국 측 요청에 의해 이뤄졌다는 잘못된 내용을 썼다는 주장을 되풀이했다.

하지만 이런 주장들은 이미 1심 재판 과정에서 다 나온 사안들이었다. 1심 판결을 뒤집을 만한 결정적인 새로운 사실은 없었다는 얘기다. 사실관계는 비교적 분명히 밝혀진 터라 항소심에서 이길 거로 우리 측은 낙관했다.

봉사 아닌 취미 즐긴 김 여사

이뿐만이 아니었다. 또다시 김정숙 여사의 외유성 일정을 보여주는 결정적 자료를 손에 넣을 수 있었다. 이번에도 청와대 측이 참고 자료라고 낸 서류였다. 청와대 측은 "문재인 대통령 부부는 전임자들에 비해 특별히 관광지를 많이 방문하지 않았다"고 주장했다. 그러면서 문 대통령 부부와 김대중·노무현·이명박 전임 대통령 내외의 해외순방 일정을 자세히 비교한 자료를 제출했다. 대통령 일정만 얼핏 보면 별 차이가 없는 것처럼 느낄 수 있다. 하지만 찬찬히 뜯어보면, 특히 영부인들의 별도 일정을 비교해보면 확연히 다르다는 걸 발견할 수 있다. 이명박 대통령의 부인 김윤옥 여사는 아예 남편을 따라 나가는 일이 훨씬 적었다. 다른 세 명의 영부인들이 해외순방 때면 거의 항상 따라갔던 반면 김윤옥 여사는 총 49번의 순방 중 28번밖에 동행하지 않았다. 전체의 57.1%에 해당했다. 자료에 나온 22번의 외국 방문 중 김윤옥 여사는 17번이나 현지 공관 직원의 가족이나 현지 교민 등을 만나 식사를 함께하는 등 격려했다. 현지 한국학교는 8번 찾았다. 노무현 대통령의 부인 권양숙 여사도 마찬가지였다. 25번의 외국 방문 중에 공관 직원 가족 또는 한글학교 교사 격려가 20번, 한글학교 방문이 6번이나 됐다. 요컨대

대통령 내외분 해외순방 일정 비교

[김대중 · 노무현 · 이명박 前 대통령 내외분 限]

■ 역대 대통령 해외순방 횟수 및 영부인 동행률

ㅇ 김대중 대통령 해외방문 [총 24회 순방 중 영부인 동행 24회, 동행률 100%] ※남북정상회담 제외

ㅇ 노무현 대통령 해외방문 [총 27회 순방 중 영부인 동행 26회, 동행률 96.2%] ※남북정상회담 제외

ㅇ 이명박 대통령 해외방문 [총 49회 순방 중 영부인 동행 28회, 동행률 57.1%]

ㅇ 문재인 대통령 해외방문 [총 21회 순방 중 영부인 동행 20회, 동행률 95.2%]

- 2 -

문 대통령과 역대 대통령 3명의 해외순방 일정 비교표

문재인 대통령 내외분 독일(베를린) 공식방문 및 G20 정상회의(함부르크) 참석 (2017.7.5.~10.)	이명박 대통령 내외분 덴마크 국민방문 및 독일(베를린· 프랑크푸르트), 프랑스 공식방문 (2011. 5. 8. ~15.)	노무현 대통령 내외분 독일(베를린·프랑크푸르트) 및 터키 국빈방문 (2005.4.10.~18.)	김대중 대통령 내외분 독일(베를린·프랑크푸르트) 국빈방문 (2000. 3.)
단체사진 촬영 (내외분) 22. 문화공연 (내외분) 23. 사교만찬 (내외분) 24. 한·독 정상회담 25. 한·프랑스 정상회담 26. 한·호주 정상회담 27. G20 정상회의 세션 3 28. UN 사무총장 면담 29. G20 정상회의 세션 4 및 종료 세션 30. 한·인도네시아 정상회담 31. 공항출발행사 (내외분) ● 여사님 별도일정 1. 밨음이상 묘소 참배 2. 눈물의 궁전 방문 3. 유대인 학살 추모비 방문 4. 베를린 장벽지구 방문 5. 이스트 사이드 갤러리 방문 6. 함부르크 항구 선상 투어 7. 독일 총리 배우자 주최 오찬 8. 독일 기후계산센터 방문 9. 함부르크 시청 투어 10. 함부르크 시장 주최 오찬	□ 독일(프랑크푸르트) 방문 주요일정 1. 공항도착행사 (내외분) 2. 독일 주요기업 CEO 라운드테이블 3. 동포간담회(내외분) 4. 헤생주 총리 주최 만찬(내외분) 5. 공항출발행사(내외분) ● 여사님 별도 일정 1. 쿠어하우스 방문	● 여사님 별도 일정 1. 영부인 별도 환담 2. 베를린 아·태주간 관계자 접견 3. 공관직원 부인 격려오찬 4. 막스 플랑크 연구소 방문 5. 동포2세 네트워크 관계자 접견 □ 프랑크푸르트 방문 주요일정 1. 공항도착행사(내외분) 2. 동포간담회(내외분) 3. '교호' 해쎈주라이네의 주최 만찬(내외분) 4. 프랑크푸르트도서전 관계자 접견(내외분) 5. 프랑크푸르트 시청 방문(내외분) 6. 독일 주요 CEO 초청 Round Table 회의 7. 공항출발행사(내외분)	13. 조약서명식 일석 14. 동포간담회(내외분) 15. 공항출발행사(내외분) ● 여사님 별도 일정 1. 대통령부인과의 환담 2. 아동 및 청소년 전문병원 방문 3. 페르가몬 박물관 방문

- 13 -

■ 러시아 (초 대통령 방문)

문재인 대통령 내외분 제3차 동방경제포럼 참석 및 러시아 (블라디보스톡) 방문 (2017.9.6.~7.)	문재인 대통령 내외분 러시아(모스크바) 국빈 방문 (2018.6.21.~24.)
1. 공항도착행사 (내외분) 2. 한·러 단독회담 3. 한·러 확대 오찬회담, MOU 서명식, 공동언론발표 4. 한·러 정상 국동의 거리 산책 5. 한·몽골, 한·일본 정상회담 6. 동포간담회 (내외분) 7. 제3차 동방경제포럼 전체회의 8. 공항출발행사 (내외분) ● 여사님 별도일정 1. 고려인 문화센터 방문 2. 이상설 선생 기념비 참배	1. 모스크바 공항도착행사 (내외분) 2. 하원의장 면담 및 하원 연설 (내외분) 3. 무명용사의 묘 헌화 (내외분) 4. 메드베데프 총리 면담 5. 한·러 우호 친선의 밤 (내외분) 6. 한·러 비즈니스 포럼 기조연설 7. 공식환영식 8. 한·러 정상회담 (소규모 / 확대) 9. 양해각서 서명식 및 공동언론발표 10. 푸틴 대통령 주최 국민만찬 (내외분) 11. 구세주 성당 시찰 및 노보데비치 수도원 호숫가 산책 (내외분) 12. 모스크바 공항출발행사 (내외분) 13. 로스토프나도누 공항도착행사 (내외분) 14. 한 멕시코 월드컵 경기 관람 (내외분) 15. 우리 축구대표팀 격려 (내외분) 16. 로스토프나도누 공항출발행사 (내외분) ● 여사님 별도일정 1. 톨스토이의 집 박물관 시찰 2. 성 바실리 성당 시찰

- 14 -

문 대통령과 역대 대통령 3명의 해외순방 일정 비교표 일부

V. 새 사실 드러난 항소심, 그리고 결말

135

2010년 7월 멕시코의 한글학교 개관식에 참석해 어린이들을 격려하고 있는
이명박 전 대통령의 부인 김윤옥 여사(왼쪽), 2018년 10월 벨기에 브뤼셀 왕립미술관에서
작품을 감상 중인 김정숙 여사. [연합뉴스]

김윤옥, 권양숙 두 영부인은 틈만 나면 현지 한국인들을 찾아 이들을 격려하는 데 애를 쓴 것이다. 김대중 대통령의 부인 이희호 여사는 좀 달랐다. 이 여사의 발길은 봉사단체, 장애인을 위한 사회시설이나 병원, 학교, 현지 입양인 등으로 향했다. 24번의 외국 방문을 통해 이 여사는 25번이나 이 같은 곳을 방문하거나 입양인들을 만났다.

　세 영부인 역시 미술관이나 관광지를 안 간 건 아니다. 하지만 이들의 일정에서 절대적으로 많았던 건 영부인으로서의 공적 의무를 다하는 것이었다. 현지 공관 또는 한국학교에서 수고하는 우리 동포들을 다독이거나 입양인까지 만났다. 아니면 해외에선 장애인이나 환자들을 어떻게 보살피고 있는지 직접 가서 시찰했다.

반면 김정숙 여사의 경우 방문국에서 부부동반 일정이 없을 때 가장 많이 찾은 곳은 전시회였다. 30번의 외국 방문을 통해 무려 16개의 미술관 또는 박물관을 찾아가 구경했다. 그뿐만 아니라 유명한 관광 명소를 방문하거나 공연을 관람한 것도 12번에 달한다. 관광성 일정만 28번에 달하는 셈이다. 반면 현지 공관 직원 가족을 격려한 것은 고작 3번에 불과했다. **요컨대 남편과 떨어져 개인 시간만 나면 현지 한국인들을 격려하려 했던 전임 영부인들과는 달리 김정숙 여사는 틈만 나면 미술관, 박물관에 가거나 해외 명승지를 돌아다녔다는 얘기다.** (별지 참조)

참고로 김 여사가 찾은 미술관, 박물관과 명소들을 정리하면 다음과 같다.

미술관, 박물관

이스트사이드 갤러리(독일), 톨스토이의 집 박물관(러시아), 민족학 박물관(베트남), 루브르 아부다비(아부다비), 국립박물관(싱가포르), 한메이린 예술관 (중국), 국립현대미술관(인도), 국립미술관(파푸아뉴기니), 루브르 (프랑스), 왕립미술관 (벨기에), 라틴아메리카 미술관(아르헨티나), 오클랜드 미술관(뉴질랜드), 아트 갤러리(우즈베키스탄), 디자인 박물관(핀란드), 소냐 왕비의 미술마구간(노르웨이), 뭉크 미술관(노르웨이)

해외순방 별도 일정 때 김 여사가 방문한 미술관과 명소들.
위에서부터 뭉크 미술관(사진=Premeditated), 루브르 박물관(사진=Benh LIEU SONG),
대족석각(사진=G41rn8)

명소 또는 공연

함부르크 항구 선상투어(함부르크), 함부르크 시청(함부르크), 성 바실리 성당(모스크바), 땀타잉 벽화마을(다낭), 아부다비 수크(아부다비), 대족석각(충칭), 후마윤 묘지(델리), 동식물원(파푸아뉴기니), 비아 오캄포(부에노스아이레스), 브루나이 왕궁(브루나이), K-Pop 콘서트(노르웨이), 스벤스크폼 디자인 진흥원(스웨덴)

물론 개인 취향에 따라 예술의 향기 드높은 미술관이나 박물관을 관람하거나 관광지를 찾는 것 자체는 나무랄 일이 아니다. 하지만 관광지를 빈번하게 찾았다는 비판에서 자유로울 수는 없을 것이다. 한 나라의 퍼스트레이디로서 현지에서 애쓰고 있는 공관원 가족이나 한국학교 관계자, 입양아들에게 찾아가 이들을 보듬고 격려해주는 것도 의미 있는 일이 아닐까?

'반론권'이란 불의의 역습

어쨌든 청와대 측 항소 이유서를 받은 윤 변호사는 이에 대한 반론을 준비했다. 청와대가 왜 김정숙 여사 대신 소송을 낼 수 없는지, 그리고 문제가 된 칼럼의 내용에 왜 거짓 사실이 없는지 등을 조목조목 논리적으로 반박했다. 재판에 다녀온 윤 변호사가 전해주는 항소심 재판부의 분위기도 우리 측에 결코 나쁘지 않다는 인상을 줬다.

그러나 만사가 늘 순조롭기만 할 리는 없다. 이대로 가면 이길 거로 낙관하던 상황에서 청와대 측 변호사들은 갑자기 생각지 못한 카드를 꺼내 들었다. 바로 '반론권'이었다. 당초 이번 재판은 정정보도 청구소송이었다. 요컨대 특정 기사에 잘못된 내용이 있으니 이를 바로잡는다는 정정보도를 내달라는 소송이다. 하지만 1심에서는 칼럼 내에 잘못된 내용이 없으니 고침 기사를 내달라는 요구는 받아들일 수 없다고 판단한 것이다. 이렇게 되자 청와대 측은 정정보도 청구와 함께 '예비적으로' 반론보도문을 내달라는 요구를 추가한다. 정정보도 청구가 받아들여지지 않더라도 반론보도는 해야 한다는 주장을 관철함으로써 어떻게든 청와대의 주장을 싣겠다는 전략이었다.

참고로 반론권이란 신문·방송 등 언론매체에 의해 명예훼손을 당한 이해관계자가 반박문이나 정정문을 보도하도록 요구할 수 있는 권리이다. 반론권에는 정정권과 반박권, 두 가지가 있다. 정정권은 보도 내용이 사실과 다를 때 이를 정정해 주도록 요구하는 것이며, 반박권은 사실 여부와 상관없이 언론매체에 나간 주장 등에 관한 반론을 무료로 실어주도록 요구할 수 있는 권리이다.

청와대 측이 전략을 바꾸자 우리측은 어떻게 대응해야 할지 고민해야 했다. 신문사 내부에서도 "정정이 아닌 반론 정도는 실어줘도 괜찮지 않겠느냐"는 목소리가 나왔다. 하지만 나는 강경했다. 여러 가지 이유에서 반론권이라는 이름으로 청와대 측 주장을 실어주는 것은 부당하다고 강변했다.

무엇보다 1심에서 재판부가 인정했듯, 대통령 비서실이 나설 일이 아니므로 그들의 요구를 들어줄 필요가 없다고 나는 봤다. 아주 기본적인 조건도 충족하지 못한 당사자이므로 반론을 운운할 자격이 없다는 게 나의 시각이었다.

둘째는 청와대처럼 가히 전능하고 막강한 국가기관의 반론권마저 인정할 경우 예상하지 못한 부작용이 생길 거로 나는 믿었다. 물론 국가기관이라고 반론권을 줘서는 안 된다고 하는 얘기는 아니다. 사실과 다른 명백한 오보로 피해를 보았다면 당연히 바로잡는 게 옳다.

하지만 국가기관에 대한 반론권 인정은 그 범위와 정도에 있어 일반인과는 분명한 차이를 둬야 한다. 즉 일반인과는 달리 국가기관의 반론권을 무제한적으로 인정해 줄 경우 언론의 자유를 침해할 위험이 커진다. 자신들에게 불리한 뉴스가 나올 때마다 반론권을 인정해 달라고 요구하고 나서면 언론사의 보도 기능을 위축시킬 게 분명하다. '국가기관은 그 기능 유지에 요구되는 필요최소한의 반론권만 행사해야 한다'는 원칙이 정설처럼 받아들여지는 것도 이 때문이다. 청와대와 같은 국가기관은 얼마든지 언론사에 보도자료를 돌리고 반박 성명 또는 브리핑 자료를 낼 수 있다. 이럴 경우 수많은 언론사가 이를 기사화하는 게 보통이다. 즉 국가기관에는 여러 통로를 통해 충분한 반론권이 보장되어 있다고 보아야 하는 것이다.

나의 칼럼의 경우에도 똑같은 일이 벌어졌다. 칼럼이 보도된 당일, 청와대는 '중앙일보 칼럼의 정정을 요청합니다'라는 제목으로 부대변인 명의의 서면 브리핑을 통해 소소한 내용까지 반박했다. 이 서면 브리핑은 아직도 청와대 게시판에 실려 있다. 이 같은 서면 브리핑이 나오자 신문·방송 및 통신사 등 많은 언론매체가 청와대의 반론을 충분히 보도했다. 실제로 칼럼과 청와대의 반박 브리핑이 나간 뒤 하루이틀 동안 중앙일보 기사 및 이를 인용한 기사는 10건 미만이었던 데 반해 청와대 측이 정정보도를 요구했다는 기사는 14건이나 됐다. 칼럼 자체보다 청와대의 반론이 훨씬 더 많이 알려진 상황이 된 것이다.

이렇듯 청와대의 주장이 충분히 노출된 데다 칼럼이 나온 때부터 1년 5개월이 지난 시점에서 구태여 다시 칼럼에 대한 반론을 실을 실효성은 거의 없다고 봐야 한다고 나는 생각했다.

더불어 청와대가 요구하는 반론보도문의 내용은 사실상 정정보도에 가까웠다. 비록 형식은 반론보도문처럼 돼 있지만, 맥락상으로는 칼럼의 주요 내용이 사실과 맞지 않는다는 전제하에 이를 바로잡는 정정보도문과 비슷했다.

또 관련 자료들을 집요하게 뒤진 결과 '원고 측이 반론이 허위임을 알고 있을 경우 반론권을 인정하지 않는다'는 대법원 판례를 찾을 수 있었다. 즉 칼럼 또는 기사의 내용이 진실임을 알고 있음에도 자신의 과거 행적을 정당화하기 위해 거짓 반론을 실어달라고 요구할 경우 이를 거절해도 된다는 얘기였다. 나의 시각에서 보면 칼럼과 이에 대한 청와대의 반박은 바로 여기에 해당하는 케이스였다. 청와대가 반론권이란 이름으로 사실과 다른 이야기를 실어달라고 요구할 경우 이를 거부하는 게 마땅하다는 게 나의 생각이었다.

마지막으로 반론권을 과도하게 인정할 경우 신문제작 상으로도 큰 문제가 생길 수 있다고 여겨졌다. 보통 사설과 일부 칼럼은 신문

제작 당일에 쓸 수밖에 없는 경우가 생기게 된다. 촉박한 마감 시간이 다가오는 상태에서 글과 관련된 당사자로부터 일일이 반론을 받아야 한다면 신문 제작에 큰 차질이 빚어질 수밖에 없다. 잘못된 내용은 명예훼손 또는 정정보도청구와 같은 방법을 통해 얼마든지 구제될 수 있다. 스트레이트 기사는 모르겠지만, 칼럼과 사설의 경우까지 반론권을 보장한다면 언론의 자유를 위축시키는 생각지 못한 부정적 효과 낳을 수밖에 없다고 나는 믿었다.

이 같은 이유를 설명하면서 반론권을 인정할 수 없다는 취지로 법률 논쟁을 벌여야 한다고 사내 인사들을 설득했다. 결국 싸울 수 있을 때까지 싸우자는 식으로 의견이 모아졌다.

또 실패한 항소심 조정

항소심이 본격적으로 진행되면서 윤 변호사로부터 재판부가 이번 사건에 부담을 느끼는 듯하다는 이야기를 들었다. 청와대와 언론사가 정면으로 맞붙은 사건이라 부담을 느낄 만도 하다는 생각이 들었다. 이로 인해 재판부는 판결이 아닌 화해를 통해 사건을 끝내고 싶어한다고 했다. 이런 차원에서 재판부는 화해를 권고하며 조정기일을 잡았다. 이 절차는 양쪽 당사자들이 나와 서로의 입장을 밝히면 이를 법원에서 임명한 조정위원들이 듣고 화해를 유도하는 것이다.

조정은 2020년 11월 3일 오후 서울고등법원 658호에서 진행됐다. 우리 쪽에선 윤 변호사와 나, 청와대 측에선 처음부터 사건을 맡았던 변호사 2명이 나왔다. 조정이 진행된 장소는 6명이 들어가자 꽉 찬 느낌이 들 정도로 서울고법의 자그마한 방이었다. 조정 위원은 2명. 이들은 칼럼의 필자인 나 역시 참석했다는 걸 알자 대리인인 윤 변호사의 이야기는 잠깐 들은 뒤 내 의견을 말해달라고 했다. 이에 나는 먼저 원고 적격성 문제를 지적했다. "대통령 비서실에 소를 제기할 자격이 없다는 우리 측 주장이 1심에서 받아들여졌는데 다시 항소한다는 게 적절하냐"고 따졌다. 이어 청와대 측이 새롭게 제기한 반론보도의 실효성 문제를 지적했다. "청와대 측 반박이 부대변인 성명으로 나와 이를 10여개의 언론을 통해 이미 기사화됐는데 이제 다시 반론을 낸들 무슨 의미가 있느냐"는 게 나의 논리였다. 실제로 문제가 된 나의 칼럼과 이 내용을 다룬 보도보다 청와대 측 반박을 전한 기사가 훨씬 더 많았다. 끝으로 반론권이란 마땅히 보장받아야 하는 권리임에 틀림없으나 국가기관의 반론권은 개인의 반론권에 구별돼야 한다는 점 등을 강조했다.

이와 함께 칼럼과 사설 등에도 반론을 실어줘야 한다면 신문 제작에 막대한 지장을 초래할 수 있어 언론의 자유를 위축시킬 우려가 있다는 점도 설명했다. 나의 발언을 유심히 들은 조정위원들은 일단 우리 측에 반론을 실어줄 의사가 없는지를 물었다. 윤 변호사는 조정절차 전에 우리 측 입장을 서면으로 제출한 상태였다. 여기서 펼친 논리는 이랬다. "청와대는 부대변인 한정우 명의의 브리핑을 통해 남정호 논설위원이 마치 아무런 근거도 없이 단지 대통령 부부의 해외순방을 비방하기 위해 '잘못된 정보'를, '옳지 않은 시선'에서 나열하여 '사실 왜곡'을, 그것도 '의도적'으로 했다며 이는 상대국에 대한 매우 '심각한 외교적 결례'에 해당한다'고 공격했다"고 윤 변호사는 지적했다. 그러면서 "이러한 비난은 30년 이상 사실 보도를 사명으로 기자 생활을 하여 온 남정호 논설위원에 대한 매우 심각한 인격 모독이며 명예훼손이 아닐 수 없다"고 했다.

따끔한 일침을 날린 윤 변호사가 요구한 것은 청와대 측 반성이었다. 즉 "아무런 반성도 하지 않은 채 제1심에서 전부 패소하여 패색이 짙어지자, 이제 와서 반론이라도 실어달라고 한다"며 "반론이라도 실어달라고 애원하기 전에 남정호 논설위원에 대해 먼저 진심 어린 사과를 하는 것이 옳은 일"이라고 지적했다. "우리가 반론을 실어줄 것이면 진작에 실어줬다"며 "여기까지 오는데 많은 시간과 힘을 썼는데 현재로써는 받아들일 수 없다"는 게 결론이었던 것이다. 그러면서 윤 변호사는 "청와대에서 요구했던 내용은 반론이 아닌 거의 정정보도 수준이므로 적절치 않았다"고 덧붙였다.

조정이 끝날 무렵, 윤 변호사는 최후의 일격을 가했다. "아예 청와대 측에 소송을 취하하도록 조정을 하는 게 어떻겠느냐"며 "항소심에서도 지면 청와대는 더욱 체면을 구기게 되니 이쯤에서 물러나는 게 적절치 않겠느냐"고 거세게 몰아쳤다.

그러나 예상대로 청와대 측 변호사는 소송을 취하하지 않겠다는 의사를 밝혀 결국 조정은 항소심 재판부와의 바램과는 달리 무위로 돌아가고 말았다.

결국 이뤄진 화해

조정이 실패로 돌아갔음에도 재판부는 계속 화해를 원하는 분위기였다. 우리측 법무팀은 항소심이 유리하게 전개된다 하더라도 재판부가 화해를 권하는데 이를 완전히 무시하는 건 지혜로운 대응이 아니라는 의견을 내놨다. 쉽게 말해 굳이 괘씸죄를 자초하진 말자는 얘기였다. 그리하여 우리도 사실상 끝까지 간다는 원칙 아래 일단 화해에 응하는 모습을 보여주기로 했다. 상대가 도저히 받아들일 수 없는 조건을 내걸으면 화해가 이뤄지지 않은 데 대한 책임이 청와대쪽에 넘어갈 거라는 게 우리의 계산이었다. 그리하여 우리는 항소를 포기하고, 거의 실으나 마나한 문구를, 그것도 종이 신문은 안 되고 인터넷판에 게재하는 정도면 받아주겠다는 뜻을 비쳤다. 우리가 실어주겠다는 반론 내용은 다음과 같았다.

> ◇**알려왔습니다**: 청와대는 "문재인 대통령 내외의 해외순방 일정은 방문국가와의 협의에 의해 정해진 것"이라고 알려왔습니다.

중앙일보 웹사이트에 올릴 반론은 홈페이지가 아닌 해당 칼럼의 밑에 자그마하게 싣겠다는 조건이었다. 일부러 찾아가지 않으면 도저히 알 수 없는 내용이었다.

나 역시 몰랐지만, 항소심 단계에서 재판을 없었던 것으로 하는 방법에는 '소 취하'와 '항소 취하'가 있는 데 양쪽이 갖는 의미가 완전히 달랐다. 소 취하를 할 경우 소송을 제기한 것 자체를 취소한다는 의미여서 우리가 1심에서 인정받은 사안 자체마저 없었던 것이 된다. 반면 항소 취하는 고등법원에 다시 제소한 것을 없었던 것으로 하겠다는 뜻이어서 1심 판결의 유효성은 살아있게 된다. **청와대와 중앙일보 간의 법정 공방 1라운드에서 우리가 이겼으며 재판을 통해 인정받은 판결 결과의 법률적 효력도 살아있게 되는 것이다.**

우리 측 생각엔 이 같은 합의 내용은 청와대로서는 도저히 받아들일 수 없는 조건이었다. '김정숙 여사의 버킷리스트?' 칼럼이 나가자 기세등등하게 A4용지 한 페이지도 넘는 정정보도를 요구했던 청와대 아닌가. 그랬던 청와대가 "대통령 해외순방 일정은 외국 정부와의 협의로 정해진다"는, 하나마나 한 반론으로 만족할 거라고는 도저히 상상할 수 없었던 것이다.

또 한편으로는 만에 하나, 항소심 재판부가 청와대 측의 반론권을 부분적으로라도 인정해 줄 가능성도 완전히 배제할 수 없다는 의견도 나왔다. 언론사에 보도한 당사자의 이야기도 들어봐야 한다는 취지의 반론권은 법으로 보장된 권리이기에 재판부가 이를 받아들일 수 있기 때문이었다. 이럴 경우 반론보도문 뒤에 '이 보도는 법원의 판결에 따른 것입니다'라는 문장이 붙게 되는 데 이것이 마치 우리가 재판에서 패소한 것 같은 인상을 줄 수 있다는 게 문제였다. 따라서 이런 사태가 일어나지 않게 뭔가 대응책을 마련해야 했다. 그중 하나가 아주 형식적이고 내용 없는 반론보도를 실어주고 재판을 끝내는 것이었다. 1심에서 승소한 덕분에 중앙일보가 청와대와의 법정 싸움에서 이겼다는 사실은 널리 알려졌다고 판단한 까닭이다.

여하튼 수용할 가능성이 거의 없다는 판단 아래 극도로 형식적인 반론보도 문안을 청와대 측에 전달했다. 그런데 웬걸, 청와대 쪽에서 수용하겠다는 게 아닌가. 이 소식을 들은 우리 법무팀은 청와대 측 로펌 엘케이비가 재판에서 이길 가능성이 작아지자 최소한의 체면이라도 세우기 위해 받아들이는 것 같다는 분석을 내놨다. 이런 곡절 끝에 결국 양쪽 변호사는 짧은 반론문을 중앙일보 인터넷판에 실어준다는 조건 아래 2021년 5월 3일 재판을 끝내기로 합의한다. '김정숙 여사의 버킷리스트?' 칼럼이 신문에 게재된 게 2019년 6월 11일. 근 2년 가까이 끌었던 법정 공방이 결국 "청와대는 '문재인 대통령 내외의 해외순방 일정은 방문 국가와의 협의에 의해 정해진 것'이라고 알려왔습니다"란 짤막한 한 문장을, 그것도 신문이 아닌 중앙일보 인터넷판 한구석에 싣기로 하고 끝난 것이다. 허무했다. 이런 소모적인 일에 일류 로펌 변호사 2명과 중앙일보 사내 변호사, 그리고 현직 논설위원이 달라붙어 숱한 시간을 쏟아 부어가며 자료를 찾고 논쟁을 벌일 일이었을까? 이런 논란을 일으킨 장본인, 김정숙 여사는 그저 청와대에 편안히 앉아 소송이 어떻게 진행되고 있는지, 보고만 들었을 게 틀림없다. **국민의 혈세로 수임료를 받은 변호사들이 대신 자료를 찾고 언론을 상대로 법정 싸움을 벌였던 것이다.**

재판이 종지부를 찍자 나는 생각지 못했던 한가지 상념에 사로잡히기 시작했다. 태어나 처음으로 겪은 재판이기에 그랬는지 모르겠지만, 무엇보다 변호사들이 진실하지 않은 증거를 제출하는 현실을 문제 삼아야 한다는 믿음이 들었다. 실제로 청와대 측 변호사들은 문 대통령 내외의 해외 관광지 방문 건수를 의도적으로 줄여서 냈다. 조금만 찾아보면 알 수 있는데도 말이다. 게다가 아무 근거 없이 인도 모디 총리가 김정숙 여사를 허왕후 기념공원 기공식과 디왈리 축제에 초청했다고 주장하기도 했다. 심지어 내가 취재 과정에서 인도 대사관 직원들과 통화한 내용이 완전히 거짓이라고 몰아세우기도 했다. 분명한 사실인데도 말이다. 법정에서 이뤄지는 변호사들의 거짓말이 심각한 문제로 부각되고 있다고 하지만 이 정도일 줄은 몰랐다. 언젠가 기회가 되면 이 문제를 본격적으로 제기해야겠다는 생각을 들게 만드는 안 좋은 경험이었다.

코로나 사태 이후 2021년부터 재개된 문 대통령의 순방은
또다시 구설에 오른다.
처음엔 코로나 시국에서 굳이 안 가도 되는 나라까지
방문하는 것 아니냐는 볼멘소리가 흘러나왔다.

VI

재판 이후의
행적

문재인 대통령 부부는 외유의 느낌을 주는 해외순방은 자제하라는 '김정숙 여사의 버킷리스트?' 칼럼이 나간 후, 어느 정도 조심하는 듯했다. 문 대통령은 비판의 대상이 됐던 스웨덴·노르웨이·핀란드 북유럽 3개국 순방을 끝낸 뒤 2019년 말까지 5번 더 외국에 다녀왔다. ① 오사카 G20 정상회의(6월 28~29일) ② 태국·미얀마·라오스 순방(9월 1~6일) ③ 뉴욕 유엔총회 참석(9월 22~25일) ④ 태국 동아시아 정상회의(11월 3~5일) ⑤ 베이징 한·중·일 회의(12월 23~24일) 순이다. 김 여사는 베이징 출장을 뺀 나머지 4번의 해외여행에 동행했다. 이들 여행 동안 문 대통령 내외는 여론을 의식했는지, 눈살을 찌푸리게 할 정도의 노골적인 관광지 방문은 자제한 것 같다. 9월 미얀마 방문 중 이 나라의 대표적인 불교 유적지인 쉐다곤 파고다를 찾은 것 외에는 유명 관광지에 가지 않은 듯했다. 참고로 쉐다곤 파고다는 미얀마의 수도 양곤에 있는 높이 112m짜리 황금 탑이다. 약

수많은 보석으로 치장된 미얀마 양곤의 쉐다곤 파고다

(사진＝Marcin Konsek)

67톤의 황금 판으로 장식돼 있으며 탑 꼭대기에 박힌 73캐럿짜리 다이아몬드를 포함, 모두 5,400여개의 다이아몬드와 2,300여개의 루비, 사파이어 및 에메랄드 등 보석들이 박혀 있어 신비한 빛을 발하는 것으로 유명하다. 미얀마의 대표적인 관광지 중 하나로 여기에 안 가면 양곤에 다녀왔다는 소리를 못한다는 이야기가 있을 정도다.

어쨌거나 2019년 한 해 문 대통령의 출국 횟수는 9번으로 15개국(미국·태국은 두 번씩)을 방문했다. 이중 김 여사는 1박 2일의 중국 출장을 빼고 8번 동행했다. 이렇듯 자주 외국을 돌아다니던 문 대통령의 해외 순방은 전혀 예상치 못한 복병을 만난다. 2020년 초부터 세계를 휩쓸기 시작한 코로나 19였다. 코로나 확산 우려로 각국이 다투어 빗장을 걸어 잠그면서 이들의 순방도 멈추게 된다.

다시 시작된 해외순방

'보복 여행'(Revenge Travel)이란 말이 있다. 코로나 때문에 옴짝달싹 못 하던 해외여행 애호가들이 규제가 풀리자 참았던 욕구가 한꺼번에 폭발, 외국으로 몰려나가는 현상을 뜻한다. 2년 반가량의 임기 초반에는 자주 해외에 나갔던 문 대통령 부부도 이런 충동을 느꼈을지 모른다. 그래서인지 문 대통령은 2021년 5월 방미를 시작으로 모두 여섯 번 해외에 나갔다. ① 워싱턴 한·미 정상회담 참석(2021년 5월 19~23일) ② G7 정상회의(영국) 참가 및 오스트리아·스페인 순방(6월 11~17일) ③ 뉴욕 유엔총회 참석(9월 19~23일) ④ G20(이탈리아)·COP26(영국) 정상회의 참석 및 헝가리 국빈방문(10월 29~11월 5일) ⑤ 호주 국빈방문(12월 12~15일) ⑥ 아랍에미리트(UAE)·사우디아라비아·이집트 중동 3개국 순방(2022년 1월 15~22일) 순이다. 김 여사는 워싱턴 방문만 빼고 나머지 5번은 동행했다. 이 기간 중 문 대통령은 38일간 11개국을 방문한다. 영국과 미국은 두 번씩 갔다.

코로나 사태 이후 2021년부터 재개된 문 대통령의 순방은 또다시 구설에 오른다. 처음엔 코로나 시국에서 굳이 안 가도 되는 나라까지 방문하는 것 아니냐는 볼멘소리가 흘러나왔다. 실제로 문 대통령은 중요 국제회의에 참석할 때면 안 가도 될 듯한 방문국을 1~2개

더 넣었다. 2021년 6월 영국 G7 회의 때는 오스트리아·스페인이, 10월 이탈리아 G20 회의, 영국 유엔기후변화협약 당사국총회(COP26) 때는 헝가리가 추가됐다. 유엔 총회 참석차 이뤄진 2021년 9월 방미 때에는 귀국 길에 하와이에 들렀다. 명분은 한·미 간 한국전 유해 상호 인수식 주관이다. 하지만 문 대통령은 국내에서 이미 비슷한 성격의 국군 유해 봉환식을 두 번이나 주관한 바 있다.

그해 12월에 이뤄진 호주 국빈방문도 도마 위에 올랐었다. 문 대통령은 방문 6개월 전인 2021년 6월 영국에서 열린 G7 정상회의 때 스콧 모리슨 호주 총리와 회담한 뒤 9월 뉴욕 유엔총회와 10월 이탈리아 G7 회의 때에도 그를 만났다. 호주에 가기 전 모리슨 총리와 세 번이나 만났기에 "또 무슨 할 이야기가 있느냐"는 비판이 야당을 중심으로 쏟아졌다. 이와 함께 청와대가 내세웠던 K-9 자주포 수출 건도 이미 사실상 결정된 계약인데 대통령이 가서 생색을 내려 한다는 뒷말이 무성했다. 한화디펜스가 호주 육군 현대화 프로젝트 중 하나인 '랜드(Land) 8116' 자주포 사업의 우선공급자(preferred supplier)로 선정됐다고 호주 국방부가 발표한 것은 문 대통령 방문 시점보다 1년 3개월 전인 2020년 9월이었다. 한화디펜스는 이미 호주 정부와 가격 협상 등을 벌여 2021년 가을쯤 최종 계약을 맺을 예정이었다. 이 사업은 K-9 자주포 30문과 K10 탄약운반 장갑차 15대, 기타 지원장비 등 모두 총 1조원 규모로 추산됐다. 이런 터라 K-9 자주포 최종 계약이 문 대통령의 호주 방문 명분으로 사용하기 위해 쓸데없이 늦춰진 것 아니냐는 비난이 나오기도 했다.

들통난 비공개 피라미드 관광

더 큰 논란을 부른 건 2022년 초에 이뤄진 중동 순방이었다. 코로나 19가 기승을 부리는데도 문 대통령 부부가 8일간 일정으로 아랍에미리트(UAE)·사우디아라비아·이집트 등 중동 3개국 순방에 나선 것이다. 문 대통령이 중동 순방에 나설 당시는 코로나 상황이 여간 심각하지 않았다. 질병관리청은 오미크론이 곧 우세종이 되면서 확진자가 대량으로 쏟아질 거라는 비관적인 전망을 내놨다. 지루하게 이어진 거리두기로 자영업자 등 소상공인의 생업은 폐업으로 몰리던 상황이었다. 거칠어진 민심으로 무슨 일이 터질지 모르는 판이었다.

안보 상황도 무척이나 불안했다. 문 대통령 중동 순방 즈음 북한은 연달아 미사일 실험을 했다. 특히 1월 초에는 마하 6, 10의 극초음속 미사일 두 발을 쐈다. 이 첨단 무기는 초고속으로 불규칙하게 비행해 한·미 미사일 방어망을 쉽게 뚫는다. 무려 17조원을 퍼부으며 킬 체인(Kill Chain)과 함께 개발해온 한국형 미사일 방어체계(KAMD)를 무력화시키는 가공할 무기였던 것이다.

상황이 이토록 엄중함에도 문 대통령은 그저 "국가안보실장은 국내에 남아 북한 동향을 면밀히 주시하고 유관 부처와 협력해 잘 대처하라"는 말만 남기고 떠났다. 언제 터질지 모르는 코로나 위기에 북한의 위협까지 겹쳤는데도 국가의 최고지도자이자 군 통수권자가 나라를 비웠던 것이다. 물론 꼭 가야 할 일이 있으면 나가는 게 옳다. 하지만 방문국 면면을 보면 "수소경제·방위산업 협력 및 미래 신성장동력 확보"라는 순방 명분이 잘 납득되지 않았다.

게다가 순방 일정도 느슨하기 짝이 없었다. 한 번 갔다 하면 7~8일은 보통이었다. 반면 주변국 정상들은 달랐다. 시진핑(習近平) 중국 국가주석은 2020년 1월 중순 이후 한 번도 해외에 나가지 않았다. 대만 차이잉원(蔡英文) 총통도 2019년 7월부터 자리를 지켰다. 미·일 정상들은 나가긴 했지만, 꼭 필요한 경우, 최대한 짧게 갔다. 코로나 발발 후 일본 총리는 아베 신조(安倍晋三) → 스가 요시히데(菅義偉) → 기시다 후미오(岸田文雄) 등 3명. 이 기간 중 이들의 해외 방문은 모두 다섯 번으로 19일 동안 영·미 각각 두 번에 베트남·인도네시아가 전부다. 같은 기간 미국은 도널드 트럼프와 조 바이든 대통령이 네 번에 걸쳐 17일 동안 7개국을 찾았다. **문 대통령은 중국·대만은 물론이고 미·일 정상에 비해 두 배 넘게 나가 있었던 셈이다.**

이런 비판적 여론을 의식했는지, 청와대는 순방을 앞두고 "UAE 정부와 35억 달러(약 4조1000억원)의 천궁-II 미사일 수출을 확정했다"고 밝혔다. 하지만 중거리·중고도요격체계인 천궁-II 수출은 국내 방산기업 LIG넥스원이 2013년 때부터 본격적으로 공을 들여온 사업이었다. LIG넥스원은 2019년 UAE 아부다비에서 열린 국제 방위산업전시회 'IDEX 2019'에 천궁-II를 소개하는 등 중동시장 공략에 힘을 쏟았다. 그 결과 UAE 국방부가 2021년 11월 35억 달러(4조1000억원) 규모의 천궁-II 미사일을 구매할 계획이라고 발표한 것이다. 이렇듯 천궁-II 미사일 수출이 사실상 확정됐는데도 청와대는 마치 문 대통령의 UAE 방문 덕에 계약이 성사된 것처럼 선전했다. 실제로 청와대는 "(문 대통령과 UAE 총리 간) 회담을 계기로 양국은 '중장기 방산협력·국방기술협력 MOU'와 함께 국산 중거리 지대공 미사일인 '천궁-II(M-SAM2)'를 수출하는 사업계약을 체결했다"고 보도자료를 통해 선전했다. 호주 K-9 자주포, UAE 천궁-II 수출 계약 모두 민간기업의 쾌거인데도 문 대통령이 이 공을 가로챈 셈이 된 것이다.

논란은 여기에서 그치지 않았다. 메가톤급 스캔들은 이집트에서 터져 나왔다. 당초 문 대통령의 이집트 방문은 별 성과는 없었지만 큰 탈 없이 끝난 것처럼 비쳤다. 문 대통령은 K-9 자주포를 이집트에 수출하기 위해 힘썼지만 결국 수포로 돌아갔다고 언론들은 보도했다. 관광지를 즐겨 찾던 김 여사도 이번에는 웬일인지 조용했다.

하지만 과거의 행태로 보아 그렇게 무탈하게 넘어갈 리 없었다.

중장한 규모를 자랑하는 이집트 기자의 피라미드
(사진＝Ricardo Liberato)

정부는 중동 순방이 끝난 후 10일이 지나자 이집트에서 미완에 그쳤던 2조원 대 규모의 K-9 자주포 수출이 뒤늦게 극적으로 타결됐다고 선전하기 시작했다. 이에 문 대통령도 "우리나라 무기체계의 우수성을 다시 한번 인정받는 계기가 됐다"고 평가했다. 문 대통령의 이집트 방문 효과가 뒤늦게 나타났다는 식의 보도가 이어졌다. 나라가 코로나로 난리인데 대통령은 걸핏하면 해외에 놀러 다니느냐는 외유 논란을 단숨에 잠재우는 듯했다. 그러나 곧바로 알려지지 않았던 소식이 전해지면서 분위기는 완전히 반전이 됐다. 200문의 K-9 자주포 대부분을 수출이 아닌 현지에서 생산하기로 한 데다 이집트가 수입 대금의 80%인 1조6천억원을 한국 수출입은행으로부터 빌리기로 했다는 것이었다. 즉각 "문 대통령의 이집트 방문 성과를 올리기 위해 청와대가 몰아붙이는 바람에 불리하게 계약이 체결된 게 아니냐"는 비판이 나왔다.

악재는 이게 끝이 아니었다. K-9 자주포 계약 논란이 불거진 뒤 바로 다음 날, 이번에는 김정숙 여사의 피라미드 비밀 방문 스캔들이 터졌다. 이집트 국빈방문 때 김 여사가 이 나라 문화부 장관과 함께 비공개로 피라미드를 관광했다는 것이다. 논란이 불거지자 청와대 측은 "관광산업 촉진을 위해 이집트 측에서 요청한 일정으로 양국이 비공개하기로 합의해 언론에 알리지 않았다"고 해명했다. 즉각 야당에서 "관광산업 촉진을 위한 영부인의 피라미드 관람이라면 비공개가 말이 되느냐"는 반박이 나왔다. 참으로 궁색한 변명이 아닐 수 없었다. 논란이 커지자 탁현민 청와대 의전비서관이 나서서 자신의 페이스북에 이렇게 썼다.

> 이집트는 애초부터 대통령과 여사님이 함께 피라미드를 방문해 주길 강력히 요청해 수용하려 했지만, 결국 거절했다. 이집트 유적지 방문에 어떤 음해와 곡해가 있을지 뻔히 예상됐기 때문이다…. 이집트에서는 이제껏 국빈 방문한 해외 정상 중에

이집트 문화의 상징인 피라미드 일정을 생략한 사례가 없으니 재고를 요청했고, 우리는 고민 끝에 그렇다면 비공개를 전제로 여사님만 최소 인원으로 다녀오는 것으로 합의했다.

청와대가 어떤 해명을 내놓든 한국을 포함, 전 세계적으로 오미크론 변이가 빠르게 번지는 상황에서 문 대통령의 가장 가까이에 있는 김 여사가 관광객으로 북적대는 피라미드를 방문하는 게 적절하냐는 지적이 나온다. **실제로 이번 문 대통령 부부의 순방을 수행한 일부 청와대 직원이 코로나에 걸린 사실이 뒤늦게 밝혀져 논란이 일기도 했다.**

이와 함께 "이집트에서는 이제껏 국빈 방문한 해외 정상 중에 이집트 문화의 상징인 피라미드 일정을 생략한 사례가 없으니 재고를 요청했다"고 탁 비서관은 적었지만 이 역시 검증해볼 만한 대목이다. 2019년 북유럽 순방 때에도 노르웨이 베르겐 방문이 논란이 되자 청와대는 주저없이 두 가지 거짓말을 했다. "수도 오슬로 이외 제2의 지방도시를 방문하는 것은 노르웨이 국빈방문의 필수 프로그램"이며 "그리그의 집 방문 또한 노르웨이 측이 일정에 반드시 포함해 줄 것을 간곡히 권고하여 이루어진 외교일정"이라고. 실제로 과거 자료와 한국-노르웨이 간에 오갔던 외교 문서를 조사해 보니 이같은 주장은 사실이 아님이 드러났다. 이런 전력이 있기에 탁 비서관의 이야기를 얼마나 믿어야 할지 모르겠다.

한국에서 이집트는 비행기를 타고 10시간 넘게 날아가야 할 나라지만 유럽과 중동 지역 국가에서는 그리 멀지 않다. 한 나라의 대통령이나 총리가 되기 전에도 얼마든지 피라미드를 구경할 기회가 있었을 것이다. 국빈방문으로 이집트를 찾은 각국 정상들 중에서 이렇듯 피라미드를 본 적이 있는 경우라면 억지로 또 가는 게 합리적이지 않다. 이집트에는 피라미드 외에도 나일 강변의 룩소, 알렉산드리아 등 피라미드가 몰려 있는 기자(Giza) 지역 못지 않은 세계적 관광지들이 있다. 국빈 방문한 외국 정상이 피라미드 대신 이런 곳들을 가겠다고 하면 어떻게 할 것인가? 그래도 피라미드에 꼭 가야한다고 강요할 것인가?

국빈 방문할 경우 초청국이 정한 몇몇 행사는 반드시 참석하는 게 관례다. 예컨대 초청한 나라의 정상이 내는 국빈만찬, 또는 무명용사비 헌화, 정상회담, 환영식에서의 의장대 사열 등이 그런 것들이다. 한국 외교부에서는 이를 '필수 일정'이라고 부른다. 반면 우리측 의사에 따라 결정하는 일정도 있다. 공동기자회견, 국회 방문 및 연설, 주요인사 접견, 산업시설 또는 문화유적지 시찰, 동포간담회 등이 그것이다. 이런 행사들은 '선택 일정'이라고 한다.

정말로 이집트가 자국 의전 규정으로 피라미드 방문을 필수 일정으로 잡았을 수도 있다. 하지만 여러 정황상 그렇지 않을 가능성도 있다는 합리적 의심도 든다. 어느 쪽이 진실인지는 훗날 밝혀질 거로 믿는다.

2019년 4월 미국 워싱턴의 키(Key) 초등학교 내 소강당.
아이들에게 둘러싸인 김정숙 여사에게 한 어린 학생이 물었다.
"제일 좋아하는 밴드가 누구예요?"
그러자 망설임 없는 김 여사의 즉답이 돌아왔다. "BTS!"
문답은 이어졌다. "만난 적이 있나요?"
"작년 유엔총회에서 만난 적이 있어요."

VII

김정숙 여사와
BTS

과도한 BTS 사랑?

2019년 4월 미국 워싱턴의 키(Key) 초등학교 내 소강당. 아이들에게 둘러싸인 김정숙 여사에게 한 어린 학생이 물었다. "제일 좋아하는 밴드가 누구예요?" 그러자 망설임 없는 김 여사의 즉답이 돌아왔다. "BTS!" 문답은 이어졌다. "만난 적이 있나요?" "작년 유엔총회에서 만난 적이 있어요." 그 후 김 여사는 먼저 이렇게 말했다. "내가 하나 더 이야기해도 되나요? BTS는 '어제의 실수한 나도, 오늘의 모자란 나도, 내일을 위해 더 열심히 하려는 것도 나다. 나를 사랑하라'라고 얘기했어요. 참 좋은 얘기 같아서 여러분에게 해주고 싶어요"라고.

김 여사의 각별한 BTS 사랑을 보여주는 장면이다. 김 여사는 "어떤 밴드를 좋아하느냐"는 질문에 한순간의 망설임 없이 "BTS!"라고 대답하는 열성 팬이다. 학생들에게 들려준 이야기는 BTS 멤버 RM의 유엔 연설 내용으로 이를 외우고 있을 정도로 이 아이돌 그룹을 아낀다. 2019년 7월 국가무형문화재 보유자들을 청와대로 초청한 오찬에서 한국의 전통문화의 중요성을 표현한다는 게 "BTS 뮤직비디오 속 봉산탈춤에 전 세계 팬이 환호하고 있다"고 설명할 정도이니 그 좋아함의 깊이를 알 수 있다.

이런 관심과 애정으로 김 여사가 가는 곳엔 BTS가 자주 등장한다. 처음은 2018년 3월 아랍에미리트(UAE)에서였다. 문 대통령과 이 나라를 공식방문한 김 여사는 한국어를 배우는 현지 학생들과 전통시장인 '수크'에 가 커피를 마시며 환담을 했다. 이 자리에서 김 여사는 "한국을 좋아해 주니 감사하다"며 이들이 갖고 싶어 했다는 BTS의 자필 사인이 든 CD를 선물한다.

김 여사가 이토록 좋아하는 BTS를 공식 석상에서 처음 만난 건 반년 뒤인 그해 9월 미국 뉴욕에서 열린 유엔 총회에서였다. BTS는 당시 유엔본부에서 열린 유니세프의 새로운 청소년 어젠다인 '제너레이션 언리미티드(Generation Unlimited)' 파트너십 출범 행사의 연사로 초청됐고 이곳을 김 여사가 방문해 만남이 이뤄졌던 것이다.

이 만남이 계기가 된 건지, 이후 문 대통령 내외와 BTS 간 콜라보(Collaboration)가 부쩍 잦아진다. 한 달 뒤인 2018년 10월 중순 프랑스 파리 트레지엄 아트 극장에서 열린 '한-불 우정의 콘서트'에 BTS 가 공연을 했는데 당시 이 나라를 국빈 방문 중인 문 대통령 부부가 이 행사에 참석했다.

이뿐 아니다. 2020년 9월 처음으로 제정된 '청년의 날' 기념식이 청와대 녹지원에서 열려 BTS가 대한민국을 세계에 알린 '청년 리 더'로서 참석해 청년 대표 연설을 하기도 했다.

공식적인 문 대통령과 BTS 간의 콜라보가 시작된 것은 2021년 9월부터였다. 문 대통령이 이 아이돌 그룹을 '미래세대와 문화를 위 한 대통령 특별사절'로 공식 임명한 것이다. 이 자리에서 문 대통령 은 BTS 멤버들에게 임명장과 함께 외교관 여권, 만년필 선물을 전 달하면서 박수로 축하했다. 이를 만족스럽게 지켜본 김정숙 여사 는 "우리 세대는 팝송을 들으며 영어를 익혔는데, 요즘 전 세계인들 은 BTS 노래를 이해하기 위해 한국어를 익힌다"며 덕담을 건네기도 했다.

공식 특사까지 됐으니 BTS와 문 대통령 부부간의 협업에는 거칠 것이 없었다. 그리하여 문 대통령은 특사 임명 5일 후에 BTS를 대동 하고 뉴욕 유엔총회로 날아간다. 뉴욕에 도착한 문 대통령과 BTS는 유엔 '지속가능발전목표(SDG) 모멘트' 개회 세션에서 함께 참석해 연달아 연설한 데 이어 나란히 유엔 측과의 문답 시간을 가졌다. 문 대통령은 이틀 뒤 유엔 총회에서 국가 정상의 자격으로 공식 연설을 마쳤다. 이동안 김정숙 여사는 BTS를 데리고 뉴욕 메트로폴리탄 미술관 한국실을 찾아 관람했다. 이틀 뒤에는 함께 방미한 황희 문화부 장관이 BTS와 함께 뉴욕문화원을 방문했다. 두 사람 모두 BTS 덕에 언론의 높은 관심을 끄는 데 성공한다.

이 같은 문 대통령 부부와 BTS 간 콜라보는 언뜻 보면 서로 도움을 주는 긍정적 관계로 비칠 수 있다. 엄청난 인기의 BTS를 중요하면서도 세간의 관심이 적은 행사에 참여시킴으로써 여론을 환기시킨다면 좋은 일임에 틀림이 없다. BTS 멤버들도 누구보다도 조국을 사랑하는 젊은이로서 보람 있는 일을 돕는 것이라면 본인들도 기쁘게 돕겠다고 밝힌 바 있다.

BTS 사랑이 빚은 결례

그러나 문 대통령과 BTS 간의 관계가 맺어지고 콜라보가 이뤄지는 과정에서 적잖은 물의가 빚어졌다는 사실을 아는 사람은 많지 않을 것이다. 가장 단적이면서도 알려지지 않은 사례가 바로 2018년 9월 뉴욕에서 열린 유니세프 '제너레이션 언리미티드' 파트너쉽 출범 행사에서 일어난 일이었다. 이 캠페인은 10~24세 청소년 및 청년에 대한 투자와 기회를 확대하기 위해 힘을 합치자는 것이다. 유니세프는 이 캠페인을 통해 이들이 보다 질 높은 교육과 훈련을 받아 2030년까지 미래 고용시장에 보다 준비된 인재로 성장하는 방안을 추진하고 있다. 이날 행사의 하이라이트는 단연 BTS의 연설이었다. 마이크를 잡은 BTS의 리더 RM(본명 김남준)은 "우리 스스로 어떻게 삶을 바꿀 수 있을까. 우리 스스로 사랑하는 것이다"라며 "여러분 목소리를 내달라. 여러분의 스토리를 얘기해달라"고 호소해 갈채를 받았다.

하지만 여기에는 보이지 않은 문제가 있었다. 이런 모습을 김 여사는 행사장인 유엔 신탁통치이사회 회의장에 앉아 흐뭇하게 바라봤지만 사실 그 자리에 앉도록 돼 있었던 사람은 따로 있었다. 바로 국제사법재판소(ICC: International Criminal Court) 소장을 역임한 송상

2018년 9월 뉴욕 유엔본부 신탁통치이사회 회의장에서 열린 유니세프 행사에 참석한 김정숙 여사가 BTS 멤버의 연설을 듣고 있다. [연합뉴스]

현 유니세프한국위원회 이사회 회장이다. 송상현 회장이 어떤 인물인가? 그는 일찍이 한국인으로서는 처음으로 국제사법기구의 수장까지 오른, 우리 법조계에서는 독보적인 세계적인 법학자다. 독립유공자이자 거물 정치인이며 동아일보 사장까지 지낸 고하(古下) 송진우의 손자이기도 하다. 그는 서울대 법대 재학 중 행시, 사시 양 과를 패스한 뒤 미 코넬대에서 법학박사 학위를 받는다. 그리곤 서울대 교수를 지내다 2003년 ICC에 합류해 초대 재판관으로 일했으며 2009년부터는 6년간 ICC 소장으로 활약했다. 한국 법조인으로서는 전례가 없던 일이다. 그런 그가 2012년부터 유니세프한국위원회 이사회 회장을 맡아 일해온 것이다.

사실 BTS의 유엔 공연은 송 회장에게 특별한 의미가 있는 행사였다. BTS가 유엔 무대에 서게 된 데에도 그의 노력이 작용했기 때문이다. 송 회장에겐 아들이 있는데 그의 친구가 BTS를 키운 방시혁 하이브(HYBE) 이사회 의장이라고 한다. 이런 인연으로 BTS는 2017년부터 어린이·청소년에 대한 폭력 예방을 위해 유니세프가 펼쳐온 '러브 마이셀프(Love Myself)' 캠페인을 적극적으로 도와왔다.

이런 터라 송 회장은 '제너레이션 언리미티드' 출범식에 참석하고 BTS 연설을 보기 위해 서울에서 비행기를 타고 뉴욕에 왔던 것이다. 하지만 남편을 따라 유엔 총회에 온 김 여사가 갑자기 BTS를 보고 싶다고 해 문제가 생겼다. 제한된 인원의 각국 대표가 참석하는 국제행사인지라 아무나 들어갈 수 있는 자리가 아니었다. 한국에 배정된 인원은 극히 소수. 김 여사가 원하는 대로 행사장에 들어가면 경호원도 따라 들어가야 하는 터라 남는 자리가 없었다. 결국 송 회장은 무언의 압력에 어쩔 수 없이 김 여사에게 자리를 내주고 회의장에 들어가지 못했다고 한다. 그는 이 행사를 위해 14시간 이상 날아왔음에도 회의장 뒤편의 방청석에 앉아 지켜볼 수밖에 없었던 것이다.

유니세프 회의장 자리가 어떻게 마련됐는지, 김 여사가 알았는지, 몰랐는지는 확실치 않다. 그러나 분명한 건 한국이 자랑하는 세계적 법률가가 이렇듯 홀대받았으며 이런 일이 또다시 발생할 수 있는 분위기가 청와대와 그 주변부에 존재한다는 점이다. 몰랐다 해도 허물을 벗을 순 없다. 김 여사가 그 자리를 차지하면 반드시 참석해야 할 유니세프 한국 대표가 못 들어가게 된다는 사실이 본인에게 보고되도록 자유로운 소통이 이뤄지도록 신경 썼어야 했다. 그래야 본인이 모르는 사이에 결례하는 것을 막을 수 있지 않겠는가. 알고도 밀어냈다면 그야말로 큰 결례가 아닐 수 없다. 아무리 영부인이고 BTS를 보고 싶다 하더라도 이 행사를 위해 먼 길을 날아온 한국 대표의 자리를 빼앗는 게 있을 수 있는 일인가?

문 대통령 내외와 BTS 간에 얽힌 또 다른 논란은 '열정 페이' 시비다. 청와대가 BTS를 정치적 목적으로 동원하면서 제대로 돈을 주지 않는다는 얘기다. 가장 문제가 됐던 건 2021년 문 대통령 내외의 유엔 총회 참석 때였다. 당시 문 대통령 부부는 유엔 '지속가능발전목표(SDG) 모멘트' 개회 세션에 BTS와 함께 참여했으며 이후 김 여사의 메트로폴리탄 미술관 한국관 관람과 황희 문화부 장관의 뉴욕문화원 방문 때도 같이 가 자리를 빛냈다. 하지만 결국 문제는 돈이었다. 국회 국감을 통해 BTS 관련 비용이 17억원이 들었는데도 정부에서는 7억여원만 줬다는 사실이 밝혀진 것이다. 한 당국자는 "BTS 측에서 10원 한장 안 받겠다는 것을 억지로 7억원을 줬다"고 했지만 석연치 않은 해명이다. BTS 측에서 16억여 원짜리 견적서를 관련 부처에 제출했던 사실이 드러났기 때문이다. 돈 받을 생각이 없는데도 견적서를 냈다는 건 전혀 앞뒤가 안 맞는 일이다.

청와대의 횡포는 거기에서 그치지 않았다.
나의 칼럼에 대해 "잘못된 정보를 옳지 않은 시선에서 나열한
'사실 왜곡'"이라고 매도하며
중앙일보를 상대로 정정보도 청구소송까지 제기한 것이다. 이로 인해
정당한 비판을 한 언론사와 기자는
소모적인 법정 싸움에 시달려야 했다.

VIII

맺음말

예부터 국가 간의 외교적 사안은 '비밀주의'의 영역으로 여겨져 왔다. 나라의 안보와 번영이 걸린 일이 숱하기에 비밀에 부쳐야 할 경우도 적잖았다. 밖으로 새나가면 적국은 물론 경쟁자들이 무슨 수작을 꾸밀지 몰랐다. 하지만 이 같은 비밀주의는 자연스레 폐쇄성을 낳았다. 마땅히 국민이 알아야 할 사안조차도 '국익'이니 '외교적 결례'니 하는 거창한 이름으로 밀실에 가둬 둔 채 꼭꼭 걸어 잠갔다. 외국과의 업무에서 비롯된 일은 거짓말을 하거나 부풀려도 일반인으로서는 쉽게 알 도리가 없다. 넘기 어려운 언어 장벽에다 다른 나라 정부에서는 외교 관계를 고려해 우리 당국을 곤란하게 만들 일에 대해서는 알아서 입을 다물어준다. 이러니 국민 속이기는 누워서 떡 먹기다. 감시의 눈이 닿지 않은 권력은 쉽게 썩기 마련이다.

2019년 6월 '김정숙 여사의 버킷리스트?' 칼럼을 쓰고 난 뒤 청와대와의 소송을 통해 내가 알게 된 것은 너무도 쉽게 국민을 속이고 있는 권력의 추악한 민낯이었다. 내가 작심하고 파고든 것은 노르웨이와 인도 두 나라뿐이었다. 그런데도 나는 문재인 정권의 청와대가 관례에 어긋나는 줄 알면서도 김정숙 여사의 관광을 위해 일정을 조정했다는 확신을 갖게 됐다. 앞에서 썼듯, 첫째, 문 대통령 부부는 공식 일정이 이틀뿐일 경우 오슬로에만 체류하는 게 관례였음에도 불구하고 이를 어기고 베르겐에 갔다. 둘째, 첨단 양어장과 해양연구소를 둘러보라고 노르웨이 정부가 권했음에도 이를 뿌리치고 관광지인 '그리그의 집'에 간 것도 있을 수 없는 일이다.

2018년 11월에 있었던 인도 단독 출장도 숱한 문제가 있었지만, 대통령 전용기를 타고 갔다는 것은 특히 용납하기 어려운 대목이다. 국민의 혈세를 그토록 펑펑 써도 된다는 말인가.

칼럼이 논란이 되면서 보인 청와대의 반응은 정상적인 정부라면 있을 수 없는 것이었다. 언론의 비판을 겸허히 수용하면 될 일을 교묘하게 왜곡된 정보로 진실을 호도하려 했다. 청와대는 반박 서명에서 "오슬로 이외 제2의 지방 도시를 방문하는 것은 노르웨이 국빈방문의 필수 프로그램이며 노르웨이의 외교관례"라고 주장했다. 명백한 거짓말이다. 또 "그리그의 집 방문 또한 노르웨이 측이 일정에 반드시 포함해 줄 것을 간곡히 권고하여 이루어진 외교일정"이라는 것도 말이 안 된다. 진실을 밝혀준 노르웨이 왕실의 웹사이트나 청와대가 증거라며 제출한 일정 안을 못 찾았다면 꼼짝없이 거짓 뉴스나 남발하는 '기레기'로 낙인 찍혔을 것이다.

칼럼 게재 당일에 나온 청와대 발표에는 전체적으론 진실을 호도하지만, 그 자체만을 보면 사실인 내용도 있었다. "2017년에 아이슬란드 대통령이, 2018년엔 슬로바키아 대통령이 베르겐을 방문했다"는 부분이 바로 그런 사례다. 이런 내용은 현지 사정에 훤한 주노르웨이 한국 대사관이나 외교부 직원이 아니면 알 수 없는 내용이다. 진실을 말했어야 할 전문가들이 불의에 가담해 국민을 기만했다고밖에 볼 수 없다.

청와대의 횡포는 거기에서 그치지 않았다. 나의 칼럼에 대해 "잘못된 정보를 옳지 않은 시선에서 나열한 '사실 왜곡'"이라고 매도하며 중앙일보를 상대로 정정보도 청구소송까지 제기한 것이다. 이로 인해 정당한 비판을 한 언론사와 기자는 소모적인 법정 싸움에 시달려야 했다. 언론에 재갈을 물리기 위한 전략적 봉쇄소송이 아닐 수 없었다. 신문사 법무팀 소속 윤국정 변호사와 나는 다른 일들을 제쳐 두고 소송 자료 준비에 매달려야 했다. 하여 나는 1심 재판의 증인으로 법정에 출석해서는 "중요한 국제문제와 관련해 밤새 고민하고 글을 써야 할 기자를 이렇게 소송 준비나 하도록 만드는 게 말이 되느냐"고 분통을 터트리기도 했다.

더욱더 분개할 일은 비난 받아 마땅한 김 여사는 쏙 빠진 채 청와대 비서실이 대신 나서서, **그것도 가장 잘 나가는 로펌을 고용하기 위해 피 같은 거액의 세금을 펑펑 써가며 재판을 진행했다는 대목이다.** 결국 1심 재판에서 사실관계에 잘못이 없는 데다 김 여사가 아닌 대통령 비서실이 소송을 제기하는 것은 잘못이란 판결이 나왔지만 그럼에도 청와대는 똑같이 같은 로펌을 고용해 항소했다. 과연 이런 행태가 올바른지, 그리고 당시 청와대 관계자나 김 여사에게 책임을 물을 수는 없을지 따져봐야 할 것이다.

결국 재판은 사실상 우리의 승리로 마무리됐지만, 여전히 섭섭한 구석도 없지 않다. 가장 서운한 건 언론과 시민단체다. 심증만 있을 뿐 구체적인 증거를 잡기 어려운 비리일 수도 있지만, 김정숙 여사의 외유 논란은 오래전부터 계속됐었다. 그런 판에 나의 칼럼을 계기로 비리의 편린이 드러났음에도 김정숙 여사의 외유 문제를 제대로 파헤치려는 언론사는 거의 없었다. 칼럼 게재 이후 지금까지 새롭게 밝혀진 것은 김 여사가 비밀리에 피라미드 관광을 했다는 정도 같다. 하지만 이 책에서 폭로했듯, 문재인 정부는 김 여사의 관광 욕구를 맞춰 주기 위해 대통령의 해외순방 일정을 조정하기도 했다. 겨우 노르웨이, 인도 두 나라를, 아주 제한된 자료를 바탕으로 파헤

쳤음에도 이런 증거가 나올 정도이니 그간의 모든 해외순방 일정을 뒤져보면 어떤 흉한 진상이 튀어나올지 모른다. 청와대 측 변호사들이 낸 자료를 조금만 세밀히 들여다봐도 얼마나 김 여사가 미술관, 박물관을 즐겨 찾으며 관광지를 돌아다녔는지 고스란히 알 수 있다. 이전 퍼스트레이디들은 시간 날 때마다 현지 공관 가족과 한글학교 관계자들을 격려하고 장애인 병원들을 견학하는 등 공인으로서의 봉사에 최선을 다했는데도 말이다.

대통령 순방과 관련된 외교부 의전 자료에는 이렇게 명시돼 있다. "방문 일정 수립 시 우리 측 자체일정은 방문성과를 극대화할 수 있는 일정을 포함한다"고. 문 대통령의 북유럽 순방 전, 청와대는 ▲양국관계 증진 ▲한반도 비핵화 및 항구적 평화정착 협력 ▲수소를 포함한, 친환경 경제 구현 ▲북극·조선해양 분야 협력 증진 등을 노르웨이 방문 목적이라고 발표했다. 그랬던 문 대통령 부부는 양어장과 해양연구소를 둘러보라는 노르웨이 정부의 권고를 무시하고 '그리그의 집'에 가서 음악회를 즐겼다. 이게 방문성과를 극대화할 수 있는 일정이란 말인가?

외교 비밀주의에 가려져 좀처럼 드러나지 않았던 고약한 치부가 이번 기회를 통해 밝혀지게 됐다는 점은 나로서는 참으로 기쁘고 보람 있는 일이 아닐 수 없다. 부디 다음 정권이 들어서면 '김정숙 여사의 버킷리스트'란 야유가 나올 정도로 비정상적이었던 문재인 대통령 부부의 해외 출장에 대한 진실이 밝혀지기를 기대한다. 그리하여 잘못이 있고, 그중에서 단죄해야 할 비리까지 나온다면 거기에 합당한 조치가 따라야 할 것이다. 그것이 바로 우리가 꿈꾸는 상식적이고 정의로운 사회 아니겠는가.

김정숙 여사 및 전 영부인 해외 별도 일정

	김정숙	김윤옥	권양숙	이희호
미국 워싱턴 뉴욕	**2017** • 노인 복지시설 방문 • 펜스 부통령 부인 주최 오찬 • 서울–워싱턴 여성협회 초청 간담회 • 플러싱 한인 경로회관 방문 • 트뤼도 캐나다 총리 부인 주최 리셉션 **2018** • 펜스 부통령 부인 주최 오찬 • UN Generation Unlimited 파트너십 출범 행사 • 멜라니아 트럼프 여사 주최 배우자 리셉션 • 2019. F.S. Key 초등학교 방문 • 영부인간 별도 오찬	**2008** • Head Start 교육센터 방문 • 워싱턴 공관 직원 부인 격려 간담회 • 국립 여성예술박물관 관람 • Lincoln Cottage 방문 • 워싱턴 통합한국학교 방문 • 한인 신진예술가 초청 간담회 • 뉴욕 공관 직원 부인 격려 간담회 **2009** • Little Lights(사회봉사기관) 방문 • 영부인 별도 환담 • 한인 차세대 여성지도자 간담회 • 한국전 참전용사 초청 한식 오찬 • 뉴욕타임즈지 인터뷰 • 뉴욕 한인봉사센터 방문 • 유엔 사무총장 부인 주최 정상 배우자 오찬 • 공관 직원 부인 격려 다과회 **2011** • 공관 직원 부인 및 전 주한 미대사 부인과의 오찬 간담회 • 미 대통령 부인과 공립학교 방문 • 뉴욕 한식 서포터즈와의 만남	**2003** • 로라 부시 여사와의 면담 • 공관 직원 부인과의 오찬 • Martin Luther King Jr. Memorial Library 방문 • 스미소니언 박물관 내 미국 역사박물관 관람 • 한글학교 교사와의 간담회 • 메트로폴리탄 박물관 관람 **2005** • 유니세프 브리핑 • 유엔 사무총장 부인 주최 오찬 • 뉴욕현대미술관 관람 • 공관 직원 부인과의 오찬 **2006** • 영부인 별도 환담 • 공관 직원 부인 격려 오찬	**1998** • 여사 별도 환담 • Family Place 방문 • Lighthouse(사회봉사단체) 방문 **1999** • 힐러리 여사 별도 환담 • 나라사랑어머니회(종교단체) 간부진과의 간담회 **2000** • 유엔 사무총장 부인 주최 오찬 • Drew대학 명예박사학위 수여 및 오찬 • United Way Int'l 주최 빈민아동 구호기금 리셉션 **2001** • 로라 부시 여사 면담 • 나라사랑어머니회 회장단 접견 • Meridian Int'l Center 주최 오찬 연설 • 스미소니언 박물관 방문

	김정숙	김윤옥	권양숙	이희호
독일	**2017**	**2011**	**2005**	**2000**
	• 고 윤이상 묘소 참배 • 눈물의 궁전 방문 • 유대인 학살 추모비 방문 • 베를린 장벽지구 방문 • 이스트 사이드 갤러리 방문 • 함부르크 항구 선상투어 • 독일 총리 배우자 주최 오찬 • 독일 기후계산센터 방문 • 함부르크 시청 투어 • 함부르크 시장 주최 오찬	• 영부인 별도 환담 • 공관 직원 부인 격려 오찬 • 재독간호사 및 재독동포 2세 접견 • 쿠어하우스 방문	• 영부인 별도 환담 • 베를린 아·태주간 관계자 접견 • 공관 직원 부인 격려 오찬 • 막스 플랑크 연구소 방문 • 동포2세네트워크 관계자 접견	• 대통령 부인과의 환담 • 아동 및 청소년 전문 병원 방문 • 페르가몬 박물관 방문
러시아	**2017**	**2008**	**2004**	**1999**
	• 고려인 문화센터 방문 • 이상설 선생 기념비 참배(블라디보스톡) **2018** • 톨스토이의집 박물관 시찰 • 성 바실리 성당 시찰 (모스크바)	• 볼쇼이 공연 관람 • 차이코프스키 음악학교 방문 • 모스크바 한국학교 및 제 1086학교 방문 • 젊은 예술인 초청 간담회 • 공관 직원 부인 격려 다과회	• 트레챠코프 미술관 관람 • 크레믈린 시찰 • 독립유공자 후손 접견 • 톨스토이 문학상 시상식 임석 • 모스크바 한국학교 및 제 1086학교 방문 • 공관 간부 직원 부인과 오찬	• 크레믈린 박물관 시찰 • 옐친 대통령 부인과의 환담 • 제3유치원 방문 • 모스크바 한국학교 및 제 1086학교 학생 및 교사 접견 • 트레챠코프 미술관 관람 • 쿠스코보 박물관 관람
일본	**2019**	**2008**	**2003**	**1998**
	• 환영 차담회 (배우자 프로그램) • 환영 오찬 (배우자 프로그램) • 공예전시 관람 (배우자 프로그램) • 해양환경심포지엄 (배우자 프로그램)	• 일본 총리 부인과의 환담 및 다도 체험 • 시바우라 플라자 방문 • 공관 직원 부인 격려 오찬간담회 **2010** • 산케이 정원 방문 • 전시회 관람 및 일본 총리 부인 주최 오찬	• 동경 한국학교 방문 • 재일한국부인회 간부들 오찬 • 일본 적십자사 의료센터 부속유아원 방문	• 기독교단체 주최 기도회 • 총리 부인 초청 오찬 • 사회복지시설 방문 **2000** • 동경한국학교 방문 • 기운각 별장 방문

	김정숙	김윤옥	권양숙	이희호
베트남	**2017** • 땀타잉 벽화마을 방문 • 배우자 공통 프로그램 **2018** • 민족학박물관 방문(영부인 친교일정) • 주석 영부인 오찬	**2009** • 한국학교 방문 • 108 국군 중앙병원 방문 • 공관 직원부인 격려 간담회	**2004** • 민속박물관 방문 • 베트남 총리 부인 주최 만찬 • 베트남 여성박물관 방문 • 베트남 여성동맹위원장 주최 오찬 • 문묘 및 황거유적 발굴지 방문 • 하노이 토요한인학교 방문 • 하노이 도자기마을 방문 • 공관 직원 부인 격려 오찬 • 하노이 심장병원 방문 **2006** • 문묘 시찰 및 기념촬영 • 베트남 국가주석 부인 주최 오찬 • 한국문화원 개원식 참석 • 한국학교 관계자 접견 • 공관 직원 부인 격려 오찬	**1998** • 주석 부인과의 환담 • 아동교육원 방문 • 총리 부인 주최 오찬 • 전통공예품 전시장 방문 • 한·베 협력센터 방문
아랍 에미리트 연합국	**2018** • 루브르 아부다비 시찰 • 여성연합 방문 • 파티마 여사 오찬 • 수크(시장) 시찰 • 하야 공주 면담	**2011** • 자이드대학 방문 및 • I Love Korea 행사 참석 • 공관 직원 부인 격려 오찬 • 아부다비–두바이 별도 이동 • 하야 공주 면담	**2006** • 여성 유니온 방문 • 파티마 여사 면담 및 오찬 • 공관 직원 부인 접견	

	김정숙	김윤옥	권양숙	이희호
싱가포르	**2018** • Enabling Village(장애인사회통합지원센터) 시찰 • 쿽 와이 시우 요양병원 방문 • 국립박물관 시찰 및 패션쇼 관람 • 싱가포르 총리 부인 주최 오찬	**2009** • Botanic Garden 시찰 및 싱 총리 부인 주최 오찬 • 한국학교 방문 • 직원 부인 격려 간담회 • 싱가포르 플라이어, 페라나칸 박물관 시찰 및 오찬	**2003** • 한국학교 방문 • 한국인 쌍둥이 부모 접견 • 난초정원 방문 **2007** • 리센룽 총리 부인 주최 오찬 및 국립박물관 관람 • 도시재개발청 방문: 생활밀착형 복합문화시설 관련 브리핑 청취	**2000** • 싱가포르 부총리 부인 주최 ASEAN+한중일 정상부인 만찬 • 싱가포르 한국학교 방문 • 아시아 문명박물관 방문 • Sentosa 방문
인도네시아	**2017** • 현지 태권도단과의 만남 • 배우자 프로그램(영부인 환담 등)	**2009** • 한국국제학교 방문 • 공관 직원 부인 격려 오찬 **2011** • 루다나 박물관 관람 및 인니 영부인 주최 오찬 • 발리 한글학교 방문	**2003** • 한글학교 및 바틱마을 방문 **2006** • 공관 직원 부인 격려 오찬	**2000** • 신체부자유 아동복지원 방문 • 자카르타 한국국제학교 방문
필리핀	**2017** • 필리핀 영부인 주최 오찬	**2011** • 필리핀 한국국제학교 방문 • 필리핀 한국문화원 방문	**2005** • 말라까냥 박물관 시찰 • 공관 직원 부인 격려 오찬 **2007** • 세부시 주요시설 시찰 • 세부 주지사 주최 오찬 • 아베 총리 부인 접견	**1999** • ASEAN Garden 방문 • Malacanang Clinic 방문 • 필리핀 관광장관 주최 오찬 • 성 오거스틴 성당 방문 • 필리핀 대통령 부인과의 환담 및 말라까냥 박물관 방문 • 산호세 사회복지원 방문 • 산티아고요새 및 리잘 박물관 방문

	김정숙	김윤옥	권양숙	이희호
중국 베이징 칭타오 상하이	**2017** • 중국 전통악기 체험 • 한메이린 예술관 방문 및 오찬 • 영부인간 차담회 • 공관 직원 배우자 격려 간담회 • 대족석각 방문	**2008** • 주석 부인과의 환담 • 베이징 한국국제학교 방문 • 베이징 제1사회복지원 방문 • 베이징 무도학교 방문 • 베이징 공관 직원 부인 격려 오찬 • 중국 희곡학원 방문 • 청운한국학교 방문 • 국제공예품성 방문 • 칭타오 공관 직원 부인 격려 오찬 • 상하이 공관 직원 부인 격려 간담회	**2003** • 부녀연합회 간부 접견 • 자금성 시찰 • 주중대사관 직원 부인 격려 오찬 • 이화원 시찰 • 상해시 역사발전진열관 관람 • 비공식 오찬	**1998** • 전국부녀연합회 방문 • 북경 한국국제학교 관계자 접견 • 농아재활원 방문 **2001** • 동방명주탑 내 상해역사박물관 관람 • 상해 한국학교 방문 • 예원 방문
인도	**2018** • 후마윤 묘지 시찰 • K-Pop Contest 결선 참석 • 국립현대미술관 시찰 • 공관 직원 가족 격려 차담회 • 영화 '당갈' 주인공 가족 격려 차담회 • 코빈트 대통령 영부인 면담 **2019**	**2010** • Sanskriti 학교 방문 • 공관 직원 부인 격려 오찬 • 타고르 문학상 시상식	**2004** • Sanskriti 학교 방문 • 공관 직원 부인 격려 오찬 • 국립박물관 관람 • 한글학교 관계자 접견 초청 차담회	
파푸아 뉴기니	**2018** • 배우자 기념촬영 • 국립미술관 시찰 • 동식물원 Adventure Park 시찰			
프랑스	**2018** • 브리짓 마크롱 여사와 루브르 방문 • 노트르 에꼴 자폐아 특수학교 방문	**2011** • 재불 예술인 초청 간담회 • 공관 직원 부인 격려 오찬	**2004** • Bretonneau 병원 방문 • 재불작가 전시회 개막식 참석	**2000** • 대통령 부인과의 환담 • 한글학교 교사 및 학부모 접견 • 아동병원 방문

	김정숙	김윤옥	권양숙	이희호
이탈리아		2009	2007	2000
		• 보르게제 미술관 관람 • 세계식량계획 본부 방문 • 해군순항전단 격려 방문	• 대통령 부인과의 환담 • 공관 직원 부인 격려 오찬 • 차세대 디자인산업 지도자 간담회	• 대통령 부인과의 환담 및 대통령궁 시찰 • 국립 문화재복구연구원 방문 • 여성지도자와의 오찬 • 산타체칠리아 국립음악원 방문
벨기에	2018	2010		
	• 드 윈거드 치매노인요양시설 방문 • 왕립미술관 한국어 오디오가이드 개시식 참석	• 공관 직원 부인 격려 간담회 • Laeken궁 식물원 방문 • Guy Delforge 향수공방 방문 • Namur 호텔학교 방문 및 정상 부인 만찬 • Bozar 센터 방문 • 한식세계화 프로그램		
덴마크		2011		2002
		• 공관·지상사 직원 부인 및 한글학교 교사 격려 간담회 • 자연유치원 방문		• 입양인 접견 • 덴마크 총리 부인 주최 비공식 만찬
체코	2018			
	• 프라하 노인복지요양원 방문			
아르헨티나	2018		2004	
	• 비야 오캄포 방문 • 라틴아메리카 미술관 방문		• 아동병원 방문 • 공관 직원 부인 격려 오찬 • 한국학교 방문	

	김정숙	김윤옥	권양숙	이희호
뉴질랜드	**2018** • 오클랜드 미술관 방문	**2009** • 오클랜드 박물관 방문		**1999** • 양치기 및 양털깎기 관람 • 마오리 원주민 환영행사 • Puketutu 섬 방문 • Shipley 총리 부군 주최 오찬 • Galleria 민속공예품 전시관 방문 • Kimi Ora 지체장애학교 방문
브루나이	**2019** • 브루나이 왕비 환담 및 왕궁 시찰 • 브루나이 국립대 방문			**2000** • 지체장애아동센터 방문 • 브루나이 박물관 방문 • 브루나이 왕비 예방 및 오찬 • 민속공연 관람 **2001** • 브루나이 왕비 주최 오찬
말레이시아	**2019** • 말레이시아 총리 부인 환담 • 말레이시아 한국학교 방문 • 스리푸트리 과학중등학교 방문		**2005** • ASEAN3+3 정상배우자 오찬 • 한글학교 관계자 접견 • 페트로나스 트윈타워 시찰 • 공관 직원 부인 격려 오찬 • 주석제품 전시관 시찰	**1998** • 한글학교 관계자 접견 • Yamaha Concert 관람 • 오찬 및 패션쇼 관람 • 말레이시아 상품 바자 • 삼성전자 세렘반 복합단지 시찰
캄보디아	**2019** • 캄보디아 주재원 배우자 및 자녀 격려 간담회 • 장애인 교육 평화센터 방문	**2009** • 프레아 노로돔 초등학교 방문	**2006** • 국립미술관 및 실버파고다 시찰 • 공관 직원 부인 격려 오찬 • 국립 소아병원 방문	

	김정숙	김윤옥	권양숙	이희호
투르크메니스탄	2019 • 아자디 투르크멘 국립 세계언어대 방문			
우즈베키스탄	2019 • 영부인 환담 • 369 유치원 방문 • 아트갤러리 방문 • 아리랑요양원 방문		2005 • 양국 영부인 별도 환담 • 이나모바 여성 및 사회 담당 부총리 주최 오찬	
카자흐스탄	2019 • 나자르바예프 대학교 방문		2004 • SOS 어린이마을 방문	
핀란드	2019 • 영부인 환담 • 신아동병원 방문 • 디자인박물관 방문		2006 • 디자인박물관 시찰 • 화가 미술관 시찰 • 공관 직원 부인 격려 오찬 • 시벨리우스의 집 시찰 • 〈ASEM 배우자 일정〉 • 암석교회 시찰 • 핀란드 대통령 부군 주최 만찬 • Marimekko사 시찰 • Hvittrask 박물관 시찰	
노르웨이	2019 • K-Pop 콘서트 참석 • 소냐 왕비의 미술마구간 방문 • 뭉크미술관 방문		2000 • 입양한인 접견 • 원자력병원 방문 2001 • 노벨평화상 100주년 기념전시관 방문	
스웨덴	2019 • 실비아홈 방문 • 라테파파와의 간담회 • 유진 왕자의 발데마쉬우데 미술관 방문 • 스벤스크폼(디자인 진흥기관) 방문	2009 • 입양한인 오찬 간담회		2000 • 입양한인 접견 • 재활원 방문

김정숙 버킷리스트의 진실

1쇄 발행	2022년 3월 1일
2쇄 발행	2022년 3월 20일
지은이	남정호
발행인	안광용
발행처	(주)진명출판사
등록	제10-959호(1994년 4월 4일)
주소	서울시 마포구 양화로 156, 1517호(동교동, LG팰리스빌딩)
전화	02-3143-1337
팩스	02-3143-1053
이메일	carl-ahn@hanmail.net
ISBN	978-89-8010-496-3 03300